꿩 먹고 알 먹는 체코어 첫걸음

김 규 진 지음

1945
MTM
문예림

저자 *김규진*

김규진은 무자생(戊子生)으로 경북 영주 출신이다. 안동고등학교를 졸업하고, 한국외국어대학교 러시아어과를 마친 뒤 동 대학원 러시아어과에 재학 중 미국에 유학해 시카고대학교 대학원 슬라브어문화과에서 석박사과정을 수료했고, 체코 프라하 카렐대학교에서 수학했다. 체코 칼렐대학교 한국학과 교환교수를 거쳐 현재 한국외국어대학 체코·슬로바키아어과 교수로 재직 중이며, 동유럽학대학장을 역임했으며 현재 한국외대 용인캠퍼스 부총장직을 수행하고 있다. 한국동유럽발칸학회 회장, 세계문학비교학회 부회장 등을 맡았다. 저서로 ≪체코 현대 문학론≫, ≪체코어 문법≫, ≪여행 필수 체코어 회화≫, ≪여행 필수 슬로바키아어 회화≫, ≪러시아 동유럽 문학 예술기행≫, ≪프라하, 매혹적인 유럽의 박물관≫ 등이 있으며, 역서로 밀란 쿤데라의 소설 ≪참을 수 없는 존재의 가벼움≫, ≪이별의 왈츠≫, 차페크의 단편소설 ≪배우 벤다의 죽음≫과 차페크의 장편소설 ≪별똥별≫ 등이 있다. 논문으로 〈파스테르나크의 ≪닥터 지바고≫에서의 라라의 알레고리〉, 〈≪웃음과 망각의 책≫에 나타난 웃음과 망각의 의미〉, 〈≪참을 수 없는 존재의 가벼움≫ 연구〉, 〈쿤데라의 ≪이별의 왈츠≫에 나타난 모티프와 테마 분석〉, 〈글라스노스트와 러시아 에로티시즘 문학 소고〉, 〈차페크의 철학소설 ≪유성≫의 분석〉, 〈체코 신필름 운동기의 영화 ≪엄중히 감사받은 열차들≫과 동명의 원작 소설의 사와 관계〉 등이 있다. kyuchin@hufs.ac.kr

꿩먹고 알먹는
체코어 첫걸음

초판 2쇄 인쇄 2017년 7월 17일
초판 2쇄 발행 2017년 7월 25일

저자   김규진
발행인   서덕일

펴낸곳   도서출판 문예림
주소   경기도 파주시 회동길 366(서패동) (10881)
전화   (02)499-1281~2
팩스   (02)499-1283
홈페이지   http://www.bookmoon.co.kr
E-mail   info@bookmoon.co.kr

출판등록   1962. 7. 12 제2-110호
ISBN   978-89-7482-486-0 (13790)

머리말

"꿩먹고 알먹는 체코어 첫걸음"은 말 그대로 학습자들이 이 책을 통해 공부를 시작하는 순간 체코어 기본 문법을 쉽게 배우면서 간단한 독해와 회화를 익힐 수 있도록만들어졌다. 또한 사진과 더불어 간단한 체코문화에 대한 지식을 소개함으로써 이 작은 책 한 권을 통해 두 세가지를 함께 배울수 있도록 구성했다.

9세기 후반에 시작된 체코 중세문학은 당시 슬라브 지역에서 가장 높은 수준을 보였다. 863년 현 체코의 남쪽지방 모라비아 대제국의 황제 로스티슬라브가 비잔틴제국의 미하엘다 황제로부터 전도사 찌릴(Cyril)과 메토뎨이(Metodej) 형제를 초청하여 흘라홀리쩨와 슬라브문자인 찌릴리쩨를 사용함으로써 체코어문어가 발달하기 시작했다.

중세발기인 14세기 카렐 황제가 프라하를 수도로 정하면서 체코 왕국은 전성기를 맞이하게 되었고 문화, 경제, 정치적으로 번성하였다. 특히 카렐황제는 1348년 프라하에 대학을 설립하여 학문을 발전시켰다. 프라하대학은 독일어권과 슬라브어권에서 설립된 최초의 대학이었다. 15세기 최초의 종교개혁자 얀 후스는 체코문자를 개혁하였다. 그러나 그의 교리를 비판한 가톨릭 세력에 의해 후스는 수난을 받았다. 그를 따르던 체코인들은 종교전쟁에 휘말리게 되었고, 신교운동의 중심에 있던 체코는 1620년 가톨릭세력의 오스트리아에 의해 독립을 빼앗겼다. 17세기 국가가 없는 상황 속에서도 신부이자 교육학자이며 작가였던 얀 아모스 코멘스키(코메니우스)는 유럽에서 최고의 교육학자로 인정받으며, 수많은 저서를 남겼다.

19세기 말부터 20세기 초 사이 체코민족은 문화, 정치, 경제 부흥의 시대를 맞이하였고 세계 1차대전에서 오스트리아 제국이 붕괴하면서 체코는 슬로바키아와 더불어 드디어 독립국가를 성립하게 되었다. 빼앗긴 민족 언어를 되찾으면서 체코민족은 여러 방면에서 괄목할만한 성장을이룩하였다. 특히 유럽에서 "민주주의의 섬"이라고 일컬을 정도로 체코슬로바키아는 위대한 철학자이며 대통령이었던 마사릭의 영도 하에유럽의 일류국가로 성장하였다.

1938년 뮌헨 협정으로 다시 나치 독일에게 독립을 빼앗기고 세계 2차대전의 중심에서 국가성장에 큰 장애를 받았다. 이어서 소련의 조정하에 체코슬로바키아가 공산주의 국가 체제를 채택하는 바람에 다시 침체기에 들어서 40여 년간 자유를 빼앗긴 나라가 되고 말았다. 그러나 1989년 11월 벨벳혁명에 의하여 다시 자유를 되찾고 체코는 서유럽의 일원으로서 빠른 성장을 보이고 있다. 한국과는 1990년 외교 관계를 성립하였으며, 그 후 학술, 문화, 경제 분야에서 눈부신 교류를 통해 우리와 가까운 나라가 되었다. 특히 프라하를 비롯해 체코의 여러 도시에는 유네스코에서 지정한 문화유산 등 관광자원이 풍부하여 한국인들이 연간 수만명씩 방문하고 있다. 또한 현대자동차가 연간 20-30여 만대의 자동차 생산을 계획하고 공장 설립을 추진하고 있으며, 다른 여러 기업들도 체코로 진출하고 있어 그 어느때 보다 체코어의 필요성이 강조되고 있다고 보인다. 체코와 체코어에 대한 사회적 관심과 요구를 충족시키는데 "꿩먹고 알먹는 체코어 첫걸음"이 일조하리라 믿는다. 이 책을 통해 독자들이 체코에 대한 기본적인 지식을 얻을 수 있기를 필자는 기대해 본다. 끝으로 이 책의 체코어 부분 교정을 맡아주신 한국외대 교환교수 이르지 페시츠카 교수께 감사를 표한다.

저자 김 규 진

❀ 이 책은 한국외국어대학교 2009년도 연구비 지원을 받아서 이루어졌다.

Contents

Contents

체코어 자모표 🎧

차례	인쇄체	한국어로 읽기	체코어 명칭	발음 기호
1	A a	아	krátké a	ㅏ
2	Á á	아 −	dlouhé a	ㅏ −
3	B b	베	bé	ㅂ
4	C c	쩨	cé	ㅉ
5	Č č	체	čé	ㅊ
6	D d	데	dé	ㄷ
7	Ď ď'	데(제)	ď é	(ㄷ)+ㅈ
8	E e	에	krátké e	ㅔ
9	É é	에 −	dlouhé e	ㅔ −
10	Ě ě	예	je	ㅖ
11	F f	에프	ef	ㅍ
12	G g	게	gé	ㄱ
13	H h	하	há	ㅎ
14	Ch ch	(크)하	chá	(ㅋ)+ㅎ
15	I i	이	měkké, krátké i	ㅣ
16	Í í	이 −	měkké, dlouhé i	ㅣ −
17	J j	예	jé	ㅖ
18	K k	까	ká	ㄲ
19	L l	엘	el	ㄹ

차례	인쇄체	한국어로 읽기	체코어 명칭	발음 기호
20	M m	엠	em	ㅁ
21	N n	엔	en	ㄴ
22	Ň ň	엔녀	eň	녀
23	O o	오	krátké o	ㅗ
24	Ó ó	오ー	dlouhé o	ㅗー
25	P p	뻬	pé	ㅃ
26	Q q	크베	kvé	ㅋ+ㅂ
27	R r	에르	er	ㄹ
28	Ř ř	에르스(즈)	eř	ㄹ+ㅈ
29	S s	에스	es	ㅅ
30	Š š	에쉬	eš	쉬
31	T t	떼	té	ㄸ
32	Ť ť	떼(쪠)	t'é	ㄸ+ㅉ
33	U u	우	krátké u	ㅜ
	Ú ú	우ー	u s čárkou	ㅜー
34	ů	우ー	u s kroužkem	ㅜー
35	V v	붸	vé	ㅂ
36	W w	드보이떼 붸	dvojité vé	ㅂ
37	X x	익스	iks	ㅋ+ㅅ(ㅈ)
38	Y y	잎실론 이	tvrdé, krátké y (ypsilon)	ㅣ
39	Ý ý	잎실론 이ー	tvrdé, dlouhé y (ypsilon)	ㅣー
40	Z z	제뜨	zet	ㅈ
41	Ž ž	줴뜨	žet	쥐

체코어 문자

체코어는 언어 계통상 인구어(Indo–European language)를 그 조어로 삼는 슬라브 어군에 속함에도 불구하고 라틴어군(이탈리아어, 프랑스어, 스페인어 등)이나 게르만어군(독일어, 영어, 화란어, 스웨덴어 등)에 속하는 언어들처럼 라틴문자(로마자)를 사용한다. 슬라브어는 대체로 서슬라브어, 동슬라브어, 남슬라브어로 구분되며, 서슬라브어에 속하는 언어로는 체코어, 폴란드어 그리고 슬로바키아어가 있는데 이 중에서 가장 오래된 언어는 바로 체코어이다.

보헤미아(Bohemia), 모라비아(Moravia), 실레지아(Silesia) 영토로 구성되어 있는 체코 공화국 내에는 약 9백 5십만 정도의 인구가 체코어를 공용어로 사용하고 있다. 슬로바키아나 유럽과 북미지역에 흩어져 살면서 체코어를 사용하고 있는 수백만 명의 인구까지 감안한다해도 체코어는 여전히 소수민족의 언어 중 하나이다. 체코어는 물론 언어계통상 여전히 슬라브어에 속하면서도, 오랫동안 게르만어권과의 잦은 접촉으로 인해 독일어에서 차용된 단어들이 많고 단어의 첫 음정에 강세가 오는 등 독일어와 몇 가지 유사한 점들이 발견된다.

체코어는 대체로 하나의 문자가 하나의 음가만을 지니고 있는 것이 보통이며 정확한 발음을 위해 발음 구별부호인 차르까 ´, 하첵 ˇ, 끄로우첵 °을 사용한다.

체코 고대문자

체코어 알파벳과 발음

체코어의 모음

단모음		장모음	
a	아	á	아 ‒
e	에	é	에 ‒
i ; y	이	í ; ý	이 ‒
o	오	ó	오 ‒
u	우	ú ; ů	우 ‒

　모음은 a, e, i, o, u의 5개로 각각 단모음과 장모음 á, é, í, ó, ú(ů)가 있다. [이] 모음은 i, í 외에 y, ý에도 나타나지만, 같은 음을 가리킨다. ú와 ů도 역시 같은 음을 가리킨다. 이중모음은 au, eu, ou의 3개이다.

🔹 단모음

A　한국어 '아가' 의 아처럼 발음한다.

E　한국어 '에누리' 의 에처럼 발음한다.

I/Y　한국어 '이슬' 의 이처럼 발음한다.

O　한국어 '오다' 의 오처럼 발음한다.

U　한국어 '우리' 의 우처럼 발음한다.

🔹 장모음

Á　단모음 a를 길게 발음한다.

É　단모음 e를 길게 발음한다.

Í Ý　단모음 i/y를 길게 발음한다.

Ó　단모음 o를 길게 발음한다.

Ú/ů   단모음 u를 길게 발음한다.

⊙ 이중 모음

이중모음이란 하나의 음절 안에 있는 두 개의 모음 결합체를 일컫는다. 체코어 고유의 이중모음은 ou 하나 뿐이다. 이중모음 eu와 au는 외래어에만 나타난 것으로 알려져 있다.

예문

soud, housle, auto, pneumatika

체코어의 자음

유성음	b	v	d	ď	z	ž	g	h	m	n	ň	j	l	r	ř (re)		
무성음	p	f	t	ť	s	š	k	ch							/ř/(re)	/c/	/č/

문 자	발음	영어의 유사음	단어 보기
B	ㅂ	ball의 b	nebo, byt
C	ㅉ	boots의 ts	co, citron
Č	ㅊ	cheese의 ch	čas, čaj
D	ㄷ	dome의 d	den, dům
Ď	(ㄷ)+ㅈ	duty의 d와 유사 ＊혀 앞부분을 잇몸 뒤쪽 입천장 (경구개)에 붙여서 발음	neděle, ďábel
F	ㅍ	far의 f	film, flóra
G	ㄱ	get의 g	granát, guma
H	ㅎ	hot의 h(유성음)	hrad, hlava
Ch	(ㅋ)+ㅎ	loch의 ch(무성음) ＊혀 뒷부분을 입 안쪽 부드러운 입천장(연구개)에 접근시켜 발음	chleba, chalupa
J	ㅖ	you의 y	jeden, jméno
K	ㄲ	kind의 k(ㄲ)	kino, Karel

문 자	발음	영어의 유사음	단어 보기
L	ㄹ	lamp의 l * 혀 끝을 잇몸에 대고 내는 소리	ale, ano
M	ㅁ	mother의 m	malý, maso
N	ㄴ	none의 n	nos, nový
Ň	녀	new의 n와 유사 * 혀 앞부분을 잇몸 뒤쪽 입천장 (경구개)에 대고 내는 소리	něco, voňavka
P	ㅃ	apple의 pp	potom, Praha
R	ㄹ	rum의 r(천장 떨림)	ruka, rak
Ř	ㄹ+ㅈ	체코 고유의 음가로 r와 ž의 결합 음에 가깝다. R를 천장에 마찰하 여 발음함과 동시에 ž 발음을 한 다. (ř의 무성음화 참조)	řeka, říjen
S	ㅅ	some의 s	sen, syrový
Š	<u>쉬</u>	ship의 sh	škola, špatný
T	ㄸ	ten의 t(ㄸ)	léto, táta
Ť	ㄸ+ㅉ	tuesday의 t와 유사 * 혀 앞부분을 잇몸 뒤쪽 입천장 (경구개)에 대고 내는 소리	tělo, šťastný
V	ㅂ	very위 v	voda, vysoký
Z	ㅈ	zoo의 z	zima, zelený
Ž	<u>쥐</u>	pleasure의 s	život, žlutý

* q, w, x는 외래어에만 나타나고, 발음은 다음과 같다.

예문

q 끄베(끄웨)   w 드보이떼 베(웨)   x 익스

체코어의 발음 규칙

➡ d, t, n + i = ď, ť, ň + i 와 d, t, n + ě = ď, ť, ň + e로 발음 됨.

i와 y는 같은[이] 음을 표시하지만, d, t, n의 자음에 한해 다음에 y가 올 경우에는 원래 음가대로 발음하고, i가 오는 경우에는 ď, ť, ň과 같이 연음으로 발음한다

또, d, t, n은 뒤에 ě가 오는 경우에도 연음으로 발음한다. 표로 나타내면 다음과 같이 된다.

da [다]	ta [따]	na [나]	ďa [쟈]	ťa [쨔]	ňa [냐]
de [데]	te [떼]	ne [네]	**dě [ďe,졔]**	**tě [ťe,쪠]**	**ně [ňe,녜]**
dy [디]	ty [띠]	ny [니]	**di [지]**	**ti [찌]**	**ni [니]**
do [도]	to [또]	no [노]	ďo [죠]	ťo [쪼]	ňo [뇨]
du [두]	tu [뚜]	nu [누]	ďu [쥬]	ťu [쮸]	ňu [뉴]

단, 외래어에서는 di,ti 라고 되어 있어도 dy, ty 와 같이 발음하는 경우가 있다.

예문

antikvariát [안띠끄바리아뜨] 헌책방, radio [라디오] 라디오

➡ ě가 b, p, v, f 뒤에 붙어서 함께 발음하면이 각 [비예], [삐예], [비예], [피예(휘예)]로 발음된다. m이 뒤에 오는 경우는 mňe[므녜]와 같이 발음 된다.

bě → bje [비예]	oběd [오비예드]
pě → pje [삐예]	pět [삐예뜨]
vě → vje [비예]	dvě [드비예]
fě → fje [피예]	na harfě [나하르피예]
mě → mňe [므녜]	město [므녜스또]

➡ **자음의 동화현상** : 유성음의 무성음화 & 무성음의 유성음화

➡ **유성음의 무성음화**

유성자음 중 무성의 짝이 있는 b, v, d, ď, z, ž, g, h는 어말 또는 무성자음의 앞에서 무성음화 된다. 유성의 h는 조음점이 다르지만 ch와 짝을 이룬다.

b → p   zub [zup], obchod [opchot]

v → f   ostrov [ostrof], dívka [d'ífka]

d → t   hrad [hrat], odpoledne [otpoledne]

d' → t'   obraz [obras], lod' [lot']

z → s   procházka [prochárska], bez [bes]

ž → š   už [uš], tužka [tuška]

g → k   filolog [filolok], chirurg [chirurk]

h → ch   roh [roch], lehký [lechkí]

* 무성자음 앞에 유성 자음이 2개가 연속될 경우, 유성자음이 모두 무성음화 된다.

vz → fs vzpomínka [fspomínka]

* ř의 무성화

ř는 1) 어미, 또는 2) 무성자음의 앞에서 (즉 řk, řt의 경우) 무성음으로 발음된다. 그 외는 유성음으로 발음된다.

| 유성음 | čtyři [치띠르지] 숫자 4, řeka [르제까] 강, dobře [도브르제] 잘

| 무성음 | 1) 어미: kouř [코우르슈] 연기, lékař [레까르슈] 의사

        2) 무성자음의 앞에서: bouřka [보우르슈까]

* 무성자음의 유성화

짝을 가지는 무성자음은 짝을 갖는 유성자음(단 v는 제외한다) 앞에서 유성화한다. 주로 다음과 같은 예가 있다.

예문

kd → gd   kdo [gdo], kde [gde], kdy [gdi]

sb → zb   prosba [prozba], sbor [zbor]

tb → db   svatba [svadba], fotbal [fodbal]

sv → sv   svoboda [svoboda], svítit [svít'it]

➡ 악센트

악센트 위치는 극히 일부를 제외하고, 단어의 제 1음절에 있다. 체코어의 악센트는 음의 강약에 의한 것이지만 그다지 강한 것이 아니고, 강한 곳과 약한곳의 차이가 거의 없다.

◆ 억양

1) 평서문에서는 문미가 내려간다.
   Jsem Čech. 나는 체코 사람입니다.

2) 의문사가 없는 의문문은 말 끝이 올라간다.
   Je to Korea? 그것은 한국입니까?

3) 양자택일의 의문문에서는 nebo[또는]의 앞이 올라가고, 그 뒤는 내려간다.
   Je to vaše nebo naše?
   그것은 당신의 것입니까 아니면 우리의 것입니까?

4) 의문사가 있는 의문문은 일반적으로 어미가 내려간다
   Co to děláš?
   너는 무엇을 하고 있니?

꿩먹고 알먹는
체코어 첫걸음

회화
문법
체코 문화의 이해

Kdo je to?

그 사람은 누구입니까?

Dobrý den.
도브리　덴

Jsem Jan Tomeš.
쎔　얀　또메슈

Jsem úředník.
쎔　우르제드닉

Ta žena vpravo je moje manželka a ta žena vlevo je moje sestra.
따 줴나　프쁘라보 예 모예　만쳌까　아 따 줴나　블레보 예 모예 쎄스뜨라

Ten muž vzadu je můj švagr a je právník.
뗀 무슈　브자두 예 무이 슈바그르 아 예　쁘라브닉

안녕하세요.
나는 얀 토메슈입니다.
나는 사무원입니다.
오른쪽에 있는 그 여자는 나의 부인이며 왼쪽에 있는 그 여자는 나의 누이입니다.
뒤에 있는 그 남자는 나의 매형이며 그는 변호사입니다.

단어와 숙어 익히기

• kdo	누구(의문대명사)
• jsem	~이다. (být 동사의 1인칭 단수형)
• dobrý	좋은
• den	날(M)
• úředník	사무원(M)
• ta	그~(지시대명사)
• žena	여자(F)
• vpravo	오른 쪽에
• moje	나의(소유대명사)
• manželka	부인(F)
• a	그리고
• vlevo	왼쪽에
• sestra	누이, 언니, 여동생(F)
• muž	남자(M)
• vzadu	뒤에
• můj	나의(소유대명사)
• švagr	매형, 삼촌, 처남(M)
• právník	변호사(M)

문법 따라잡기

1. 품사

체코어는 10개의 품사가 있다. 명사, 형용사, 대명사, 수사, 동사, 부사, 전치사, 접속사, 접사, 감탄사이다. 이 중 명사, 형용사, 대명사, 수사, 동사 만이 문장에서 형태가 변화될 수 있는 특성을 가진 품사이다.

2. 체코어의 성과 14대표명사

체코의 명사는 남성(M), 여성(F), 중성(N) 중 어느 한 가지에 속한다. 남성은 다시 살아있는 생물 명사와 그렇지 않는 무생물 명사로 나뉜다. 대부분의 경우 명사의 성은 단어의 끝에 나타나는 어미에 의해 결정된다. 사람이나 동물의 경우는 주로 그 자연적 성이 명사의 성을 결정하고(muž 남자 – 남성, žena 여자 – 여성) 무생물의 경우는 문법적 성이 그 역할을 하는 것이 일반적이다. 남성명사는 주로 자음이나 드물게는 –a로 끝나고, 여성명사는 –a, –e, 드물게는 자음으로 끝난다. 중성명사는 –o, –e 또는 –í로 끝난다. 대부분의 체코어 사전은 명사의 성을 표시하고 있다.

체코어는 정확한 성의 구별과 격변화를 하기 위해 명사를 크게 14개의 대표명사로 구분한다. 밑의 도표에서처럼 남성에 6개, 여성에 4개, 중성명사에 4개가 각각 속해있다.

남성				
남성생물			남성무생물	
자음으로 끝나는 단어	경	pán	경	hrad
	연	muž		
모음으로 끝나는 단어	경	předseda	연	stroj
	연	soudce		

pán과 muž의 구별은 남성생물명사 중 경자음으로 끝나면 pán, 연자음(˘부호가 있는 자음 + c, j)으로 끝나면 muž에 속한다.

předseda유형에 따라 변하는 명사들로는 houslista(바이올린연주자), fotbalista(축구선수), komunista(공산주의자) 등 대부분 이름과 직업과 관련된 남성명사들이며 여성명사 žena와 혼동해서는 안 된다.

hrad, stroj의 구별은 경자음으로 끝나면 hrad, 연자음으로 끝나면 stroj에 속한다.

여성			
모음으로 끝나는 단어		자음으로 끝나는 단어	
žena	růže	kost	píseň

-a로 끝나는 명사중 가장 빈도수가 높은 명사는 여성명사 žena 유형이다.

žena는 모음 -a 앞에 경,중립자음이 오며 růže는 모음 -e 앞에 연자음이 온다.

kost와 píseň의 구별은 사전을 참조하는 것이 확실하다.

중성			
město(도시)	moře(바다)	stavení(건물)	kuře(병아리)

-o로 끝나는 město는 대표적인 중성명사의 유형이다.

역시 모음 -í로 끝나는 stavení의 유형도 극소수의 남성명사와 예외적인 여성명사 paní를 제외하면 대부분 중성명사에 속한다.

kuře유형은 어린이,소녀 혹은 어린 동물 등을 나타낸다.

정확한 성와 대표명사의 구별은 사전을 참조하는 것이 정확하다.

● 빈도수에 따른 명사 변화표

다음은 전체 체코명사의 어휘수에 대한 그 비율이다.

pán	8.92%	student(학생), kamarád(친구), ředitel(교장), profesor(교수), hoch(소년)
muž	3.87%	cizinec(외국인), čtenář(독자), hasič(소방관), hodinář(시계수리공)
předseda	1.10%	kolega(동료), turista(관광객), Honza(사람이름), pianista(피아니스트)
soudce	0.39%	průvodce(안내원), soudce(판사)
hrad	25.13%	obraz(그림), stůl(책상), biftek(스테이크), blesk(번개), dárek(선물)
stroj	2.96%	koberec(양탄자), stroj(기계), čaj(차), diář(일기장), guláš(굴라쉬)
žena	21.92%	lampa(램프), profesorka(여교수), kniha(책), blúza(블라우스), brána(문)
růže	6.21%	lavice(벤치), židle(의자), tabule(칠판), cibule(양파), duše(영혼)

kost	7.02%	skříň(장), postel(침대), tramvaj(전차), část(부분), domácnost(가사, 집안일)
píseň	2.24%	báseň(시), kancelář(사무실), kuchyň(부엌)
město	5.61%	okno(유리창), auto(자동차), kino(극장), břicho(배), čelo(이마)
moře	0.73%	vejce(달걀), srdce(심장)
stavení	0.36%	nádraží(역), náměstí(광장), koření(양념), léčení(치료), kadeřnictví(미장원)
kuře	11.62%	dítě(어린이), děvče(소녀), štěně(강아지)

3. 명사의 격

　격은 문장 내에서 명사가 다른 구성 요소들과 갖는 여러가지 관계를 표현하는 문법범주이다. 체코어에는 7가지의 격이 있다. 10개의 품사 중 격변화를 하는 품사는 명사, 형용사, 대명사, 수사이며 통상 명사가 문장에서 어떤 격으로 쓰였느냐에 따라 다른 품사들의 격도 결정된다. 즉 임의의 한 명사는 2개의 수(단수, 복수)에서 각각 7가지 격변화를 한다. (단수 7 + 복수 7 = 14개)

1격	주격	~은(는), ~이(가), 문장에서 주어로 사용될 때
2격	생격	~의(소유)를 나타내거나 생격을 받는 동사 혹은 전치사와 함께
3격	여격	~에게(간접목적어), 여격을 받는 동사 혹은 전치사와 함께
4격	대격	~을(를), 대격을 받는 동사 혹은 전치사와 함께
5격	호격	~야(아)의 호칭에서
6격	전치격	~에서(장소, 시간 등), 항상 전치사와 함께 사용됨.
7격	조격	~으로서, ~을 가지고 (도구, 수단, 방법), 조격을 받는 동사 혹은 전치사와 함께

student(학생, 남성생물명사)의 격변화 예이다.

	1격	2격	3격	4격	5격	6격	7격
단수	student	studenta	studentovi	studenta	studente!	studentovi	studentem
복수	studenti	studentů	studentům	studenty	studenti!	studentech	studenty

4. 인칭대명사 주격

인칭대명사는 말하는 자신이나 상대방, 그리고 제3자를 구별하여 나타내는 대명사이다. 체코어에서 인칭대명사 1, 2인칭은 대부분 문장에서 생략하고 쓰지 않으며 3인칭 역시 생략하는 경우가 많다. 인칭대명사 vy(너희들은)은 2인칭 복수를 뜻하지만, 존대어인 당신은~을 지칭하기도 한다.

	단수	복수
1인칭	já	my
2인칭	ty	vy
3인칭	on, ona, ono (그는,그녀는,그것은 –남성,여성,중성)	oni, ony, ona (그들은 –남성,여성,중성)

* 중성 3인칭대명사 ono는 구어체에서는 거의 쓰지 않는다. 영어의 it은 체코어에서는 대부분의 경우 지시대명사 to를 사용한다.

5. být동사(~이다, ~있다)

영어의 be동사에 해당하는 동사이다. 문장에서 ~이다. 혹은 ~있다.의 뜻으로 해석된다. 부정문(~아니다, ~없다.)은 být동사의 변화형 앞에 접두사 ne를 붙이면 된다. 단 단수 3인칭만 특수한 není의 형태를 갖음에 주의한다.

	단수		복수	
	긍정	부정	긍정	부정
1인칭	(já) jsem	nejsem	(my) jsme	(my) nejsme
2인칭	(ty) jsi	(ty) nejsi	(vy) jste	(vy) nejste
3인칭	(on) je	(on) není	(oni) jsou	(oni) nejsou

예문

(já) Jsem student. 나는 학생이다.
　　 쎔　　스뚜덴뜨

(já) Jsem doma. 나는 집에 있다.
　　 쎔　　도마

(ty) Jsi Korejec. 너는 한국남자이다.
　　 씨　 꼬레예쯔

(ona) Je Korejka. 그녀는 한국여자이다.
　　 예　 꼬레이까

(on) Není Čech. 그는 체코사람이 아니다.
　　 네니　　 췌흐

(oni) Nejsou doma. 그들은 집에 없다.
　　 네이쏘우　도마

6. 지시대명사 주격(ten, ta, to)

　지시대명사 ten, ta, to 는 명사의 앞에서 사람이나 사물을 가리키며 그~를 의미한다. 뒤에 오는 명사의 성에 따라 ten, ta, to (남성, 여성, 중성)가 온다. 이 때 지시대명사 to는 지시사 그~의 의미와 함께 '그것은, 그 사람은, 그분은' 을 의미하는 주어로도 사용된다.

남성	여성	중성
ten student(그 학생)	ta studentka(그 여학생)	to pero(그 볼펜)

To je dům. 그것은 집이다.
또 예 둠

To je škola. 그것은 학교이다.
도 예 슈꼴라

To je auto. 그것은 자동차이다.
또 예 아우또

7. 소유대명사 주격(단수)

소유대명사는 소유관계를 나타내는 대명사이며 뒤에 오는 명사의 성, 수, 격에 따라 변화한다. 여기서는 단수 주격의 형태를 알아본다. 이 때 그의(jeho), 그것의(jeho), 그녀의(její), 그들의(jejich)를 지칭하는 소유대명사는 뒤에 오는 성에 관계없이 형태가 동일하다.

남성	여성	중성
můj(나의)	moje = má	moje = mé
tvůj(너의)	tvoje = tvá	tvoje = tvé
jeho(그의,그것의)		
její(그녀의)		
náš(우리의)	naše	
váš(당신의)	vaše	
jejich(그들의)		

To je můj bratr. 그 사람은 나의 형(남동생,오빠)이다.
또 예 무이 브라뜨르

To je moje / má sestra. 그 사람은 나의 누이(여동생,언니)이다.
또 예 모예 / 마 쎄스뜨라

To je moje / mé pero. 그것은 나의 펜이다.
또 예 모예 / 메 뻬로

To je jeho učitel / učitelka / město.
또 예 예호 우취뗄 / 우취뗄까 / 므녜스또

그 사람은 그의 선생님/여자선생님/도시이다.

To je její kabát / sukně / jablko. 그것은 그녀의 외투/치마/사과이다.
또 예 예이 까밧 / 쑤끄녜 / 야블꼬

To je náš přítel. 그 사람은 우리의 친구이다.
또 예 나슈 프르지뗄

To je naše kočka. 그것은 우리의 고양이이다.
또 예 나쉐 꼬츄까

To je naše nádraží. 그것은 우리의 역이다.
또 예 나쉐 나드라쥐

To je váš problém. 그것은 당신의 문제이다.
또 예 바슈 쁘로블렘

To je vaše kniha. 그것은 당신의 책이다.
또 예 바쉐 끄니하

To je vaše okno. 그것은 당신의 창문이다.
또 예 바쉐 오끄노

To je jejich profesor / profesorka / dítě.
또 예 예이흐 쁘로페쏘르 / 쁘로페쏘르까 / 지쩨

그 사람은 그들의 교수/여자교수/아이이다.

8. 접속사 a

접속사 a는 우리말의 '그리고'를 뜻하며 문장에서 단어와 단어, 구와 구, 절과 절을 연결하는 역할을 한다.

예문

muž a žena 남자와 여자
무슈 아 줴나

Korejský student a česká profesorka 한국 학생과 체코 여자교수
꼬레이스끼 스뚜덴드 아 췌스까 쁘로페쏘르까

Tady je kniha a tam je tužka. 여기에는 책이 있고 저기에는 연필이 있다.
따디 예 끄니하 아 땀 예 뚜슈까

9. 형용사의 기능과 변화

체코어에서 형용사는 명사를 수식하는 한정적 수식의 기능과 술어의 기능을 가지고 있다. 형용사는 그것이 수식하는 명사의 성, 수, 격에 일치한다.

1) 한정적 수식의 기능

krásný dům 아름다운 집
끄라스니　둠

krásná ulice 아름다운 거리
끄라스나　울리쩨

krásné město 아름다운 도시
끄라스네　므녜스또

2) 술어기능

Ten dům je krásný. 이 집이 아름답다.
떼　둠　예　끄라스니

Ta ulice je krásná. 이 거리가 아름답다.
따　울리쩨　예　끄라스나

To město je krásné. 이 도시가 아름답다.
또　므녜스또　예　끄라스나

10. ano & ne (예와 아니오)

의문사가 없는 의문문에 대답을 할 때는 ano와 ne를 사용하다.

Je to Olga? 그 사람은 올가입니까?
예　또　올가

Ano, to je Olga. 네, 그렇습니다.
아노　또　예　올가

To je Korea? 그것은 한국입니까?
또　예　꼬레아

Ne, to není Korea. 아니오, 그것은 한국이 아닙니다.
네　또　네니　꼬레아

표현 따라하기

Dobré ráno. 아침 인사
도브레 라노

Dobrý den. 낮 인사
도브리 덴

Dobrý večer. 저녁 인사
도브리 베췌르

Dobrou noc. 밤 인사
도브로우 노쯔

Na shledanou. 헤어질 때
나 슬레다노우

Čau / Ahoj. 친한 사이의 인사
촤우 아호이

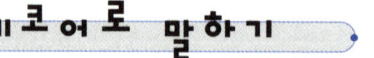

체코어로 말하기

회화 1

• To je Praha? 그것은 프라하입니까?
　또 예 쁘라하

• Ano, to je Praha. Je to moje město.
　아노　또　예　쁘라하　예　또　모예　므녜스또
네, 그것은 프라하입니다. 그것은 나의 도시입니다.

회화 2

• To je Morava? 그것은 모라비아입니까?
　또　예　모라바

• Ne, to jsou Čechy. 아니오, 그것은 체코입니다.
　네　또　쏘우　췌히

• To je váš nový profesor? 그 사람은 당신들의 새로운 교수입니까?
　또 예 바슈 　노비　 쁘로페쏘르

• Ne, to je můj tatínek. 아니오, 그 사람은 나의 아버지입니다.
　네　 또 예　 무이　 따찌넥

5단계

함께 연습하기

1. 다음 명사들의 성을 구분하세요.

> Student, moře, škola, stůl, pero, ulice, tramvaj, postel, kostel, tenis, nádraží, paní

2. 다음 괄호 안의 형용사를 알맞은 형태로 바꾸세요.

> (dobrý) hotel, (krásný) kniha, (nový) okno, (velký) město, (drahý) auto, (starý) dům

3. 알맞은 지시대명사의 형태를 괄호 안에 넣으시오.

> (　) stůl, (　) židle (　), křeslo, (　) pokoj, (　) zahrada, (　) pero

4. 다음 괄호 안의 소유대명사를 알맞은 형태로 고치세요.

> (můj) maminka, (tvůj) koupelna, (náš) maso, (váš) obchod, (můj) ulice, (náš) postel

5. 다음을 체코어로 옮기시오.

1) 그 분은 나의 어머니입니다.
2) 그것은 나의 책상이다.
3) 우리는 집에 있다.
4) 그것은 예쁜 정원이다.

• 체코 문학의 기원

9세기 후반에 시작된 체코 중세문학은 슬라브(Slav) 지역에서 가장 일찍이 발달하였다. 863년 현 체코의 땅 모라비아 대제국의 황제 로스찌슬라브(Rostislav)가 비잔틴제국의 미하엘 황제로부터 전도사 찌릴(Cyril)과 메토제이(Metoděj) 형제를 초청하여 흘라홀리쩨와 슬라브문자인 찌릴리쩨를 사용함으로써 문어가 발달하기 시작하였다. 체코 중세문학 작품은 로마네스크 시대와 고딕시대로 나눌 수 있다. 현존하는 가장 오래된 체코어 작품은 9세기의 필사본 〈키예프 단장들(Kijevské listy)〉이다. 체코 중세문학은 찬송가, 종교극, 전설, 연대기, 서정시, 서사시, 우화 그리고 기타 법률 문학 등 실용적인 문학 들이 있다.

찬송가는 예배의식에 사용된 노래형태의 운문문학이다. 〈주님, 자비를 베푸소서〉는 가장 오래된(10세기) 체코 찬송가의 구절이다. 종교극은 예수의 수난과 부활, 세 마리아 이야기 등이 있다. 전설문학으로는 체코역사의 기원, 성자들이나 위대한 통치자들에 대한 이야기가 주를 이루고 있다. 연대기는 라틴어로 된 코스마스(Cosmas)의 연대기와 체코어로 된 달리밀(Dalimil) 연대기가 대표적이다.

특히 체코는 운문문학이 발달하였는데 서정시로는 유럽처럼 기사도에 얽힌 사랑의 서정시, 민요, 권주가, 방랑하는 학생들의 노래 등이 있다. 체코는 다른 슬라브 나라들 예컨대 러시아나 세르비아처럼 서사시가 발달하지 못했지만 유럽의 공통적인 테마인 알렉산더 대왕에 대한 서사시 〈알렉산드라이다(Alexandreida)〉가 유명하다. 그 외 이솝우화의 체코 판이나 체코의 고유한 우화 등이 있다.

중세의 필사본 중 가장 특이한 것은 13세기 체코 땅에서 만들어진 코덱스 기가스이다. 이는 유럽에서 현존하는 중세의 필사본 책 중 규모가 가장 큰 것이다. 1229년경 체코의 동부지방 뽀들라쥐쩨(Podlažice)에 있는 수도원에서 만들어졌지만 이 책에 대한 존재의 이유나, 작가, 기원에 대한 기록은 전혀 없다. 〈코덱스 기가스(Codex gigas)〉가 벌써 13세기에 세계의 7대 불가사의에 속하게 되었다는 사실과 심지어 오늘날까지 문서 전체가 읽기 쉽게 남아 있다는 사실로도 이 책의 중대성을 알 수 있다.

2 Co je to?
그것은 무엇입니까?

🎧

To je Praha.
또 예 쁘라하

Praha je hlavní město naší republiky.
쁘라하 예 흘라브니 므녜스또 나쉬 레뿌블리끼

To je řeka Vltava.
또 예 줴까 블따바

Vzadu je Pražský hrad.
브자두 예 쁘라슈스끼 흐랏

To je slavná historická památka.
또 예 슬라브나 히스또리쯔까 빠마뜨까

Uprostřed Hradu je chrám svatého Víta.
우쁘로스트르젯 흐라두 예 흐람 스바떼호 비따

그것은 프라하입니다.
프라하는 우리 공화국의 수도입니다.
그것은 블따바 강입니다.
뒤에는 프라하 성입니다.
그것은 영광스러운 역사유적입니다.
성의 중앙에는 성 비트성당이 있습니다.

단어와 숙어 익히기

• co	무엇(의문대명사)
• hlavní	중심의, 주요한, 주된(hlavní)
• město	도시(N)
• hlavní město	수도
• České	체코의(Český)
• republiky	공화국(republika, F)
• řeka	강(F)
• slavná	영광스러운, 훌륭한(slavný)
• historická	역사의, 역사적인(historický)
• památka	유적(F)
• uprostřed	가운데에
• chrám	성전, 성당(M)
• svatého	성스러운, 성인의(svatý)
• Víta	비트스(고유명사, Vít의 생격)

문법 따라잡기

1. 의문사가 있는 의문문

의문사가 나오는 의문문은 문장 끝의 억양을 내리고 Ano, Ne가 아닌 질문에
대한 구체적 대답을 한다.

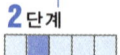

Kdo je ten chlapec? 그 소년은 누구입니까?
그도 예 뗀 흘라뻬쯔

On je můj kamarád. 그는 내 친구입니다.
온 예 무이 까마랏

Co je to? 그것은 무엇입니까?
쪼 예 또

To je počítač. 그것은 컴퓨터입니다.
또 예 뽀취따츄

2. 명사 생격(단수변화)

생격은 소유, 소속을 나타낼 때 쓰이는 격이며 우리말의 ~의로 보통 해석된다. 이 밖에 생격을 필요로 하는 동사나 전치사가 올 때도 쓰인다. 다음은 14개의 대표명사들의 단수 생격 변화이다.

남성		여성		중성	
주격	생격	주격	생격	주격	생격
pán	pán-a	žena	žen-y	město	měst-a
muž	muž-e	růže	růže	moře	moře
předseda	předsed-y	kost	kost-i	stavení	stavení
soudce	soudce	píseň	písně	kuře	kuř-et-e
hrad	hrad u				
stroj	stroj-e				

pán의 유형에 속하는 명사의 전형적 특징은 생격에서 어미 −a를 갖는다는 것이다. −o로 끝나는 남성의 이름들(예: Marko, Hugo), 성들(예: Bidlo, Stýblo) 등도 이 유형에 속하며 생격은 어미 또한 −a이다.
předseda 유형의 생격 어미는 여성명사 žena처럼 −y를 갖는다.
격변화할 때 어간이 확장되는 kuře 유형에 주의한다.

예문

život Milana Kundery
쥐봇   밀라나   꾼데리

밀란 꾼데라의 삶(Milan Kundera / Milana Kundery)

barva řeky 강의 색깔(řeka / řeky)
바르바 줴끼

hlavní město Slovenska 슬로바키아의 수도(Slovensko/Slovenska)
흘라브니 므녜스또 슬로벤스까

3. 형용사 경변화와 연변화

체코어 형용사는 형용사 주격의 어미가 −ý로 끝나면 경변화 형용사로 −í로
끝나면 연변화 형용사로 구분되며 각각 다른 격변화를 한다.

1. 경변화 형용사

dobrý / špatný 좋은,착한 / 나쁜	malý / velký 작은 / 큰	mladý / starý 젊은 / 늙은
nový / starý 새로운 / 오래된	zdravý / nemocný 건강한 / 아픈	slabý / silný 약한 / 강한
lehký / těžký 가벼운 / 무거운	veselý / smutný 즐거운 / 슬픈	laciný / drahý 싼 / 비싼

2. 연변화 형용사

moderní(근대의,현대적인), národní(민족의), cizí(외국의,이방의),
dnešní(오늘의), jižní(남쪽의), domácí(가정의), horní(위쪽의)

4. 연변화 형용사의 주격 (단수변화)

남성	여성	중성
moderní	moderní	moderní

경변화 형용사와는 다르게 주격에서 하나의 형태를 보인다.

예문

moderní budova 현대적 건물
모데르니   부도바

moderní žena 현대적 여성
모데르니 줴나

moderní město 현대적 도시
모데르니 므녜스또

5. 형용사 생격(단수변화)

형용사가 명사를 수식할 때는 명사의 성, 수, 격에 일치한다고 하였다. 문장에서 수식을 해주는 명사가 생격으로 쓰인 경우 형용사도 생격의 형태로 변화한다.

		남성	여성	중성
주격		mladý	mladá	mladé
생격	경변화 연변화	mladého moderního	mladé moderní	mladého moderního

예문

tělo zdravého člověka 건강한 사람의 몸
쩰루　ㅈㄷ라베호　츨루비옉까

slovník českého jazyka 체코어 사전
슬로브닉　췌스께호　야직까

talíř čerstvé zeleniny 신선한 채소 접시
딸리슈 췌르스뜨베　젤레니니

výhoda velkého města 대도시의 장점
비호다　　벨께호　　므녜스따

budova Národního divadla 국립극장 건물
부도바　　나로드니호　　지바들라

6. 소유대명사 생격(단수변화)

여기서는 소유대명사 형태가 변화하지 않는 jeho (그의), jejích (그들의)를 제외한 다른 소유대명사의 생격을 알아 본다. (주격/생격)

남성	여성	중성
můj / mého (나의)	moje, má / mojí / mé	moje, me / mého
tvůj / tvého (너의)	tvoje, tvá / tvojí / tvé	tvoje, tve / tvého
její / jejího (그녀의)	její / její	její / jejího
náš / našeho (우리의)	náš / naší	náš / našeho
vás / vašeho (당신들의,당신의)	váš / vaší	váš / vašeho

예문

kniha našeho profesora 우리 교수님의 책
끄니하　나쉐호　쁘로페쏘라

okno mého pokoje 내 방의 창문
오끄노　메호　뽀꼬예

taška jeho manželky 그의 부인의 가방
따슈까 예호　만젤끼

primátor vašeho města 당신 도시의 시장
쁘리마또르　바쉐호　므녜스따

7. 생격을 받는 전치사 uprostřed(∼가운에, ∼중간에)

뒤에 생격을 써야 하는 전치사들 중의 하나이다.

예문

Uprostřed města je hezký park. 도시 가운에 멋진 공원이 있다.
우쁘로스트르젯 므녜스따 예　헤스끼　빠르끄

Uprostřed cesty je dům. 길 중간에 집이 있다.
우쁘로스트르젯 쩨스띠 예　둠

8. 장소부사들의 쓰임

부사는 문장에서 동사, 형용사, 부사, 관용어구 들을 수식해 주는 품사이며 불변화 품사이다. 여기서는 대표 장소부사들과 그 활용을 알아본다.

Dole je velká zahrada. 밑에 큰 정원이 있다.
돌레 예 벨까 자흐라다

Vpravo / napravo je moderní skříň. 오른쪽에 현대식 옷장이 있다.
프쁘라보 / 나쁘라보 예 모데르니 스크르진

Nahoře je pěkná lampa. 위에 예쁜 전등이 있다.
나호제 예 삐예끄나 람빠

Vlevo / nalevo je naše okno. 왼쪽에 우리 유리창이 있다.
블레보 / 날레보 예 나쉐 오끄노

Vepředu je zelená tabule. 앞에 초록색 칠판이 있다.
베프르제두 예 젤레나 따불레

Vzadu je starý obraz. 뒤에 오래된 그림이 있다.
브자두 예 스따리 오브라스

3 단계

표현 따라하기

1. 가족관계

dědeček(할아버지), babička(할머니), rodiče(부모님), otec(아버지), matka(어머니), strýc(삼촌), teta(이모), syn(아들), dcera(딸), bratr(형, 오빠, 남동생), sestra(누이, 언니, 여동생) sourozenci(형제)

2. 주요 국명과 나라사람

국가 이름	나라사람(남성)	나라사람(여성)
Česko(체코)	Čech	Česka
Slovensko(슬로바키아)	Slovák	Slovenka
Korea(한국)	Korejec	Korejka
Čína(중국)	Číňan	Číňanka

Japonsko (일본)	Japonec	Japonka
Amerika(미국)	Američan	Američanka
Anglie(영국)	Angličan	Angličanka
Rakousko(오스트리아)	Rakušan	Rakušanka
Francie(프랑스)	Francouz	Francouzka
Mad'arsko(헝가리)	Mad'ar	Mad'arka
Polsko(폴란드)	Polák	Polka
Holandsko(네델란드)	Holand'an	Holand'anka
Španělsko(스페인)	Španěl	Španělka
Itálie(이탈리아)	Ital	Italka
Afrika(아프리카)	Afričan	Afričanka

＊ 국명과 나라사람을 지칭하는 명사는 문장에서 항상 대문자로 쓰인다.

4 단계

회화 1

• Co je to? 그것은 무엇입니까?
　쪼　예　또

• To je Václavské náměstí. 그것은 바쯜라프 광장입니다.
　또　예　바쯜라프스께　나므녜스찌

• A co je tamto vzadu? 그러면 저기 뒤에는 무엇이 있습니까?
　아　쪼　예　땀또　브자두

• To je Národní muzeum. 그것은 국립박물관입니다.
　또　예　나로드니　무제움

회화 2

• Co je to vedle Národního divadla? 국립극장 옆에 무엇이 있습니까?
　쪼　예　또　베들레　나로드니호　지바들라

- To je kavárna Slávie. 그것은 커피숍 슬라비에입니다.
  또 예 까바르나   슬라비에

- Jaká je ta kavárna? 그 커피숍이 어떠합니까?
  야까 예 따 까바르나

- Je velmi známá a výborná. 매우 유명하고 훌륭합니다.
  예 벨미   즈나마 아 비보르나

회화 3

- Co je tam vzadu? 저기 뒤에는 무엇이 있습니까?
  쪼 예 땀   브자두

- To je panoráma Pražského hradu. 그것은 프라하성의 파노라마입니다.
  또 예 빠노라마   쁘라슈스께호   흐라두

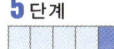

5단계

함께 연습하기

1. 다음 괄호 안의 단어들을 알맞은 생격 형태로 고치세요.

   1) Taška (moje maminka) 내 엄마의 가방
   2) Žrádlo (náš pes) 우리 개 먹이
   3) Pas (český inženýr) 체코 기술자의 여권
   4) Oči (krásná žena) 아름다운 여인의 눈
   5) Zahrada (Pražský hrad) 프라하성의 정원
   6) Občan (Korejská republika) 한국의 시민

2. 다음 전치사들 뒤에 오는 단어들을 알맞은 형태로 고치세요.

   1) Uprostřed (krásný park) je fontána.
      아름다운 공원 가운데에 분수대가 있다.
   2) Vedle (naše škola) je obchodní dům.
      우리 학교 옆에는 백화점이 있다.
   3) Pan Svoboda je z (hlavní město). 스보보다씨는 수도에서 왔다.
   4) To je čaj bez (cukr). 그것은 설탕을 넣지 않은 차이다.

3. 다음을 체코어로 옮기세요.

1) 강의 색깔이 아름답다.
2) 내 방의 창문이 크다.
3) 오른쪽에 우리 교수님의 책이 있다.
4) 그것은 우리 학생의 가방이다.

체코 문화와의 만남

• 체코 민담과 구비문학

　　동부유럽과 중부유럽 구비 문학의 경우 본격적인 구비 문학의 채록과 구비 문학 연구의 중요성이 인식되기 시작한 것은 18세기 말 19세기 초, 낭만주의 기운이 대두하면서부터다.

이러한 가운데 독일의 요한 고트프리트 헤르더(Johan Gottfrid Herder, 1744-1803)가 『민족의 소리(Volkslieder)』와 자신의 이론서에서 보여 준 민족 문학과 언어에 대한 관심은 구비 문학 연구의 필요성을 구체적으로 불러일으켰고, 이후 1812년에 출간된 그림(Grimm) 형제의 동화집은 중부와 동부유럽에도 구비 문학 연구가 본격화하는 전기를 마련했다.

18세기 체코 문학 전통에서 구비 문학의 공연은 공식적인 기록 문학의 보완 역할을 했다. 체코 민담은 몇 세기 동안 내려온 주인공들과 모티프가 풍부한 이야기다. 처음에는 입에서 입으로 구전되어 오다가 나중에는 채록되어 기록되었다. 체코 민담도 다른 나라처럼 국제성을 띠고 있다. 체코 민담은 체코 민족이 속한 슬라브 전통이 강할 뿐 아니라 다른 유럽이나 아시아, 그리스 등의 전통과도 관련이 있다.

체코 구비 문학도 고대 그리스의 이소포스(Isopos, 이솝)에서 유래된 동물 우화, 유머, 익살극, 종교적인 이야기, 마술 이야기(「황금 기사와 마법의 칼」), 반복 이야기, 로맨스 등 거의 모든 장르를 가지고 있다. 이러한 민담 속에서 우리는 요술을 깨뜨리는 마법이 오직 사랑과 충성 그리고 자기희생으로만 가능하다는 것을 쉽게 알수 있다. 체코 민담의 주요한 인물은 다음과 같다. 요정(「악한 요정」), 대모, 임금, 왕자(「쌍둥이 왕자」), 기사, 거인, 물귀신, 물의 요정, 습지의 불빛, 마귀, 난쟁이, 요술쟁이, 도깨비, 유령 등이다. 특히 체코 민담에는 악마가 자주 등장하고 언제나 비참한 종말을 맞이한다. 물론 인간이 되고 싶어 하는 우스꽝스러운 악마를 다룬 이야기도 있다. 또 다른 인기 있는 이야기는 마누라의 잔소리를 듣기보다는 차라리 지옥으로 가고 싶어 하는 악마를 다룬 것도 있다.

민담은 대개 객관적이고 이해하기 쉽다. 대부분 민담의 화자가 독자에게 주인공이 누구이고, 이야기가 일어난 시간과 장소 그리고 해결 방안을 들려준다. 이야기는 자주 대비 유소를 포함하고 있다. 한편 장면은 간단히 묘사되다 이야기의 발전은 이야기의 시작에 소개된 재난의 징후와 더불어 진행된다. 이야기의 핵심인 행동이 절정에 이를 때까지 천천히 고조된다. 이야기의 발전은 확신을 가져오기 위해서 논리적이고 그럴 듯해야 한다.

민담은 무한한 수단의 다양성으로 특징지어진다. 그들은 기쁨, 사랑, 죽음, 아이러니 등을 통해 인생의 드라마를 이야기한다. 민담은 위험과 위대한 승리와 함께 존재의 영원성과 무상함을 동시에 다룬다. 민담은 사람들이 생각하고 행동하고 느끼고 믿는 방법을 표현할 뿐 아니라 코드화하고 강화한다. 민담은 올바르고 도덕적인 것을 제시한다. 그리고 친절성과 진실성 뿐만 아니라 역경 속에서 용기를 가르치고 덕망을 보여 준다.

민담의 폭은 부분적으로 대중성의 설명이다. 민담의 효과는 구전의 전통에서 유래되었듯이 민담의 구성에 의해서 주어진다. 민담은 맨 처음 이야기된다. 그래서 이야기의 언어는 완벽하게 선택된 말과 사람들의 자연스러운 대화로 구성되어야 한다.

3

Co děláte?
무엇을 하십니까?

Pracuju v bance.
쁘라쭈유 브 반쩨

Moje žena pracuje ve škole, je učitelka.
모예 줴나 쁘라쭈예 베 슈꼴레 예 우취뗄까

Učí český jazyk, literaturu a dějepis.
우취 췌스끼 야직 리떼라뚜루 아 제예삐스

Doma máme kočku Lindu a papouška Bena.
도마 마메 꼬츄꾸 린두 아 빠뽀우슈까 베나

Máme je rádi a oni nás taky.
마메 예 라지 아 오니 나스 따끼

나는 은행에서 일합니다.
나의 부인은 학교에서 일하며 선생님입니다.
그녀는 체코어와 문학 그리고 역사를 가르칩니다.
집에 고양이 린다와 앵무새 벤이 있습니다.
우리는 그들을 좋아하고 그들도 우리를 좋아합니다.

단어와 숙어 익히기

• děláte	~하다.
• pracuju	일하다.
• v	~에서(전치사)
• bance	은행(banka, F)
• pracuje	일하다.
• škole	학교(škola, F)
• učitelka	선생님(F)
• učí	가르치다.
• jazyk	언어(M)
• literaturu	문학(literatura, F)
• dějepis	지리(M)
• doma	집에서
• máme	가지고 있다.
• kočku	고양이(kočka, F)
• papouška	앵무새(papoušek, M)
• máme rádi	~을 좋아하다.
• taky	역시

문법 따라잡기

1. 불규칙 동사 mít(~을 가지다.)

원형과 실제로 동사가 변화하는 형태가 다르기 때문에 불규칙 변화 범주에 넣었지만 변화형태는 −at 동사와 같다.

	단수	복수
1인칭	mám	máme
2인칭	máš	máte
3인칭	má	mají

예문

Mám knihu. 나는 책을 가지고 있습니다.
맘 끄니후

Pan Novák má knihu. 노박씨는 책을 가지고 있습니다.
빤 노박 마 끄니후

Máme syna a dceru. 우리는 아들과 딸이 있습니다.
마메 씨나 아 드쩨루

2. 제1식 동사변화(−at형 변화)

체코어 동사는 현재형 변화에 있어 편의상 그 어미의 변화에 따라 제1식 변화, 제2식 변화, 제3식 변화로 구분한다. 제1식 변화는 −at로 끝나는 대부분의 동사들이 속하는 그룹이다.

	dělat(하다)	znát(알다)	dávat(주다,놓다)	říkat(말하다)
já	dělám	znám	dávám	říkám
ty	děláš	znáš	dáváš	říkáš
on +	dělá	zná	dává	říká
my	děláme	známe	dáváme	říkáme
vy	děláte	znáte	dáváte	říkáte
oni +	dělají	znají	dávají	říkají

예문

Otec dělá na zahradě. 아버지는 정원에서 일을 하십니다.
오떼쯔 젤라 나 자흐라제

Známe už dobře Prahu. 나는 이제 프라하를 잘 안다.
즈나메 우슈 도브르제 쁘라후

Dává knihu na stůl. 그(녀)가 책상에 책을 놓는다.
다바 끄니후 나 스뚤

Maminka říká : "Nemáš pravdu". 어머니가 말한다. 네가 옳지 않아.
마밍까 지까   네마슈 쁘라브두

3. 명사 대격(단수변화)

대격은 체코어에서 주격 다음으로 가장 많이 쓰이는 격이다. 대게 한국어의 ~
을/~를로 번역된다. 문장에서 직접목적어를 필요로 하는 동사와 같이 쓰이며 대
격을 취하는 전치사가 올 때도 쓰인다. 다음은 14개의 대표명사의 단수 대격 변
화이다.

남성		여성		중성	
주격	대격	주격	대격	주격	대격
pán	pán-a	žena	žen-u	město	město
muž	muž c	růže	růž-i	moře	moře
předseda	předsed-u	kost	kost	stavení	stavení
soudce	soudce	píseň	píseň	kuře	kuře
hrad	hrad				
stroj	stroj				

4. 형용사 대격(단수변화)

형용사가 수식해 주는 명사가 문장에서 대격으로 쓰이면 형용사도 대격의 형
태로 변화한다.

		남성	여성	중성
주격		mladý	mladá	mladé
대격	경변화	mladého(생) mladý(무)	mladou	mladé
	연변화	moderního(생) moderní(무)	moderní	moderní

5. 지시대명사 대격(단수변화)

문장에서 수식을 해주는 명사가 대격으로 쓰인 경우 지시대명사도 대격의 형태로 변화한다.

	남성	여성	중성
주격	ten	ta	to
대격	toho(생) ten(무)	tu	to

예문

Mám bratra. 나는 형이 있습니다.
　맘　브라뜨라

Mám malý slovník. 나는 작은 사전을 가지고 있습니다.
　맘　말리　슬로브닉

Mám tu novou knihu. 나는 그 새 책을 가지고 있습니다.
　맘　뚜　노보우　끄니후

Mám pěknou, moderní židli. 나는 예쁜 현대식 의자를 가지고 있습니다.
　맘　삐예끄노우　모데르니　쥐들리

Mám nové auto. 나는 새 차를 가지고 있습니다.
　맘　노베　아우또

Znám toho nového zahraničního studenta.
　즈남　또호　노베호　자흐라니츄니호　스뚜덴따
나는 그 새로운 외국인 학생을 알고 있습니다.

Znáte jejího nového muže? 그녀의 새 남편을 알고 계십니까?
　즈나떼　예이호　노베호　무줴

Znáte ten starý dům? 그 낡은 집을 아십니까?
　즈나떼　뗀　스따리　둠

Vidíte to velké okno? 그 큰 유리창이 보이십니까?
　비지떼　또　벨께　오끄노

6. 인칭대명사 대격

문장에서 목적어의 역할을 하며 한국어의 ~을/~를에 해당한다. 인칭대명사는 사람 뿐만 아니라 사물도 지칭할 수 있다. 이 외에 인칭대명사 대격은 대격 지배 동사, 전치사와 함께 올 수 있다.

주격	대격
já	mne / mě
ty	tebe / tě
on	jeho(něho), ho, jej(něj) (생) jej(něj), ho (무)
ona	ji(ni)
ono	ho, je, jej(něj)
my	nás
vy	vás
oni / ony / ona	je

　단수 1,2,3인칭대명사는 단형와 장형의 형태를 가지고 있다. 장형은 전치사 다음과 강조를 할 때 사용된다. 그러나 mne는 현재는 잘 사용되지 않고(특히 구어체어서), 대신 단형 mě가 장형이 분포할 수 있는 자리에도 사용된다. 단수 3인칭대명사 on, ono의 장형은 전치사 뒤에서 ň(n)-의 형태를 갖게 됨에 주의한다.

예문

Odkud mě znáte? 저를 어떻게(~로부터) 아십니까?
　오뜨꾸뜨　므녜 즈나떼

Čekáte na mě? 저를 기다리십니까? (전치사 뒤)
　췌까떼　나　므녜

Vidíme tě dobře. 우리는 네가 잘 보인다.
　비지메　쩨 도브르제

Myslím na tebe. 나는 너를 생각한다.(전치사 뒤)
　미슬림　나　떼베

Znám ho už ze střední školy. 나는 이미 그를 중학교 때부터 알고 있다.
　즈남　호 우슈 제 스트르제드니 슈꼴리

Jeho znám ale tebe ne. 나는 그를 알지 너를 알지 못한다.(강조)
　예호　즈남 알레 떼베 네

Těším se na něho. 그를 보는 것이 기대된다.(전치사 뒤)
　쩨쉼　쎄 나　녜호

Kupujete auto nebo ho prodáváte? 차를 사십니까 아니면 파십니까?
꾸뿌예떼　아우또　네보　호　쁘로다바떼

Ptáme se vás na něj. 나는 당신에게 그것에 대해 묻습니다.(전치사 뒤)
쁘따메　쎄 바스　나 네이

Miluješ ji vůbec? 그녀를 사랑하기는 하는 거니?
밀루예슈 이　부베쯔

Mám na ni zlost. 나는 그녀에게 화가 났다. (전치사 뒤)
맘　나 니 즐로스뜨

Učí nás nový profesor. 우리를 새 교수님이 가르치신다.
우취　나스　노비　쁘로페쏘르

Hledá vás nějaký pán. 당신을 어떤 분이 찾으십니다.
흘레다　바스　네야끼　빤

Pro nás / vás je to nová informace.
쁘로 나스 / 바스 예 또　노바　인포르마쩨

우리에게/당신들에게 새로운 소식입니다.(전치사 뒤)

Můj bratr je má rád. 우리 형은 그들을 좋아한다.
무이　브라뜨르　마　랏

Dívá se na ně. 그들을 쳐다 보고 있다.(전치사 뒤)
지바　쎄 나 녜

7. 제2식 동사변화(−it, −et, −ět형 변화)

　　동사의 원형이 −it, −et, −ět로 끝나는 동사는 대체로 다음과 같이 변화한다. et, −ět로 끝나는 동사는 3인칭 복수형 변화에서 −í /−ejí 또는ějí를 가질 수 있다. 이 때 3인칭 복수형 변화에서 어미 −í를 보이는 경우는 항상 사전에서 명시한다.

	mluvit	házet	rozumět
já	mluvím	házím	rozumím
ty	mluvíš	házíš	rozumíš
on +	mluví	hází	rozumí
my	mluvíme	házíme	rozumíme
vy	mluvíte	házíte	rozumíte
oni +	mluví	házejí	rozumějí

예문 učit(가르치다), ležet(누워 있다, 놓여 있다), sedět(앉아 있다)

Ještě nemluvím dobře česky. 나는 아직 체코어를 잘 말하지 못한다.
예슈쩨　네믈루빔　도브르제　췌스끼

Petr učí na střední škole. 뻬뜨르는 중학교에서 가르친다.
뻬뜨르 우취 나 스트르제드니 슈꼴레

Hází dopis do schránky. 그(녀)가 편지를 우체통에 던진다.
하지　도삐스　도　스흐랑끼

Na stole leží česko − korejský slovník.
나 스똘레 레쥐　췌스꼬　꼬레이스끼 슬로브닉
책상에 체코−한국어 사전이 놓여 있다.

Rozumíme anglicky dobře. 우리는 영어를 잘 이해한다.
로주미메　앙글리쯔끼 도브르제

Kdo sedí vedle tebe ve škole? 누가 학교에서 네 옆에 앉아 있니?
그도　쎄지 베들레　떼베 베　슈꼴레

8. 제3식 동사변화(−ovat형, číst형, psát형, pít형 moci형, prominout형)

　　제3식에 속하는 동사들은 그 원형의 형태에 있어 차이를 보이나 대체로 다음과 같은 어미를 붙여서 만든다.

	단수	복수
1인칭	−u / −i	−eme
2인칭	−eš	−ete
3인칭	−e	−í / −ou

*1인칭 단수와 3인칭 복수 활용에서 각각 −i / −u, −í / −ou를 둘 다 허용하는 동사들은 주로 회화체에서 −u / −ou를 사용한다.

다음은 3식 동사에 속하는 대표동사들의 변화이다.

	pracovat	číst	psát	pít	moci	prominout
já	pracuju/i	čtu	píšu/i	piju/i	můžu/mohu	prominu
ty	pracuješ	čteš	píšeš	piješ	můžeš	promineš
on	pracuje	čte	píše	pije	může	promine
my	pracujeme	čteme	píšeme	pijeme	můžeme	promineme
vy	pracujete	čtete	píšete	pijete	můžete	prominete
oni	pracujou/í	čtou	píšou/í	pijou/í	můžou/mohou	prominou

➡ **pracovat** 변화형 : 체코어에서 가장 어형 파생력이 강한 동사 유형이다.

    예문 pracovat, tancovat, sportovat, nakupovat, děkovat

Maminka pracuje v Soulu. 엄마는 서울에서 일하신다.
　마밍까　　쁘라쭈예 프 쏘울루

Věra tancuje polku. 비예라는 폴카춤을 춘다.
　비예라　딴쭈예　　뽈꾸

Sportujeme každý den. 우리는 날마다 운동합니다.
　스뽀르뚜예메　까쥬디　덴

Kde obyčejně nakupuješ? 어디에서 보통 쇼핑을 하니?
　그데　오비췌이녜　　나꾸뿌예슈

Děkuju za pěkný dárek. 예쁜 선물 감사합니다.
　제꾸유　자　삐예끄니　다렉

➡ **pít** 변화형 : 동사의 원형이 −ít /−ýt(때때로 다른 어미)로 끝나는 동사들은 활용시 장음부호(čárka)가 사라지고 연자음 −j− 가 어간에 삽입된다.

    예문 žít, bít, lít, mít

➡ **moci** 변화형 : 이 변화를 따르는 동사들은 어간의 마지막 자음에서 변이가 일어난다. 1인칭 단수와 3인칭 복수 어미는 경자음도 허용함으로 1인칭 변화형 어간을 기억해 두어야 한다. 대부분의 사전에서 이를 명시하고 있다.

9. 명사 전치격(단수)

체코어에서 전치사는 자체로는 변화하지 않으며 대신 그 뒤에 다양한 격을 취할 수 있다. 전치격은 전치사 뒤에 전치격이 오는 경우이다. 다음 표는 14개의 대표명사들의 단수 전치격 변화이다. 남성 생물명사의 경우는 -ovi 혹은 -i가 붙고 다른 명사들은 특수한 예를 제외하고는 모두 -e(ě), -i(í)이다.

남성		여성		중성	
주격	전치격	주격	전치격	주격	전치격
pán	pán-ovi(-u)	žena	žen-ě	město	měst-ě
muž	muž-i(ovi)	růže	růž-i	moře	moř-i
předseda	předsed-ovi	kost	kost-i	stavení	stavení
soudce	soudc-i(ovi)	píseň	písni	kuře	kuř-et-i
hrad	hrad-ě(-u)				
stroj	stroj-i				

전치격을 받을 수 있는 전치사에는 o(~에 관해서), v(~에서), na(~에서) 등이 있다. 여기서는 장소를 표현하는 전치사 v와 na에 대해 알아 본다. 전치사 v와 na는 원래 v는 ~안에서 na는 ~위에서라는 뜻을 가지고 있지만 장소를 나타낼 때는 대부분의 경우 ~에서로 해석한다.

v는 장소가 실내와 건물을 지칭하는 경우, 도시와 국가명을 쓸 때 사용하며 na는 열려 있는 장소, 장소가 기관을 지칭할 때 사용한다.

예문

v obchodě	상점에서
v pokoji	방에서
v kavárně	커피숍에서
v práci	직장에서
v kině	영화관에서
v divadle	극장에서
ve třídě	교실에서
ve městě	도시에서(시내에서)

v Kanadě	캐나다에서
v Londýně	런던에서
v Brně	브르노에서
v Česku	체코에서
v Rakousku	오스트리아에서
ve Francii	프랑스에서
na univerzitě	대학에서
na ambasádě	대사관에서
na stanici	(지하철)역에서
na náměstí	광장에서
na nádraží	(기차,터미널)역에서
na letišti	비행장에서

| 예외 | na poště 우체국에서, na Slovensku 슬로바키아에서, na Ukrajině 우크라이나에서, na Havaji 하와이에서 등

● 무생물 남성명사와 중성명사 전치격의 경우 어간이 연구개음(k, g, ch ,h)이 나 순음(p, b, f, v, m)과 r로 끝날 경우 어미 −u를 붙인다. 예외는 사전에 표기되어 있다.

예문

v rybníku, v katalogu, v tichu, ve filmu

● 여성명사가 −ha, −ka, −ra, −ga, −cha로 끝나는 경우 경자음이 연음화 되어 전치격의 어미는 −ze, −ce, −ře, −ze, −še로 변화한다.

예문

Praha − v Praze, kniha − v knize, banka − v bance, opera − v opeře, synagoga −v synagoze, socha − na soše 등

10. ~좋아하다의 표현(mám rád + 대격)

인칭의 성과 수에 따라 뒤에 나오는 단어 rád의 형태가 바뀐다.

	단수	복수
남성	Pavel má rád kávu. 빠벨은 커피를 좋아한다.	Muži mají rádi pivo. 남자들은 맥주를 좋아한다.
여성	Jana má ráda pizzu. 야나는 피자를 좋아한다.	Ženy mají rády víno. 여자들은 포도주를 좋아한다.
중성	To děvče má rádo módu. 그 소녀는 패션을 좋아한다.	Děvčata mají ráda módu. 소녀들은 패션을 좋아한다.

3 단계

표 현 따 라 하 기

　명사에 일정한 형태의 접미어를 붙임으로써 규모가 작은 지시 대상(stůl책상 – stolek작은 책상)을 나타낼 수도 있고 또는 그 대상에 대해 애정, 애석 등의 정서적 뉘앙스를 표현할 수도 있는데 바로 이러한 접미어 형태를 지소형이라고 말한다. 지소형은 러시아어를 포함한 대부분의 슬라브어가 가지는 공통의 특징이다. 체코어의 경우는 지소형태가 다양하다는 것이 특징이다. 한 예로 마리아(이름, 영어의 Mary)에 해당하는 체코 이름은 Marie이다. 이 이름에 대한 지소형태는 Mařenka, Maruška, Marienka, Máří, Mařena 등이 있다. 각 지소형마다 애정의 정도, 친밀의 정도가 조금씩 다르다.

　보통명사의 지소형은 보통 접미사 –ek(남), –ka(여), –ko(중), –ík(남), –eček(íček남), –ečka(–ička여), –čko(–íčko중) 등을 붙여 만든다.

예문

dárek(dar선물), kousek(kus조각), rybka(ryba생선), myška(myš생쥐), knížka(kniha책), pivko(pivo맥주), slovíčko(slovo단어), hrneček(hrnek냄비), tetička(teta이모), srdíčko(srdce심장) 등.

체코어로 말하기 🎧

회화 1

- Co dělá vaše žena? 당신 부인이 무슨 일을 하십니까?
  쪼 젤라 바쉐 줴나

- Pracuje jako úřednice. 사무원으로 일합니다.
  쁘라쭈예 야꼬 우줴드니쩨

- A co dělá váš syn? 당신 아들은 무슨 일을 합니까?
  아 쪼 젤라 바슈 씬

- Ještě studuje. 아직 공부합니다.
  예슈쩨 스뚜두예

회화 2

- Ahoj, co právě děláš? 안녕, 너 지금 뭐하니?
  아호이 쪼 쁘라비예 젤라슈

- Právě studuju češtinu. Zítra mám zkoušku.
  쁘라비예 스뚜두유 췌슈찌누 지뜨라 맘 스꼬우슈꾸
  지금 체코어를 공부하고 있어. 내일 시험이 있어.

- Máš čas zítra večer? V kině dávají pěkný film.
  마슈 차스 지뜨라 베췌르 프 끼녜 다바이 쁴예끄니 필름
  내일 저녁에 시간 있니? 영화관에서 좋은 영화를 해.

- Bohužel zítra mám schůzku. 불행하게도 내일 약속이 있어.
  보후젤 지뜨라 맘 스후스꾸

회화 3

- Dobrý večer, je Věra doma? 안녕하세요, 비예라 집에 있나요?
  도브리 베췌르 예 비예라 도마

- Ano, je v pokoji a dívá se na televizi. 네, 방에서 텔레비전을 보고 있어요.
  아노 예 프 뽀꼬이 아 지바 쎄 나 뗄레비지

- Mám pro ni vzkaz. 그녀한테 전해 줄 메시지가 있는데요.
  맘 쁠로 니 프스까스

• Dobře, zavolám ji. 네, 그녀를 부를게요.
도브르제   자볼람   이

함께 연습하기

1. 다음 괄호 안의 단어들을 알맞은 대격 형태로 고치세요.

1) Poslouchám (krásná hudba). 나는 아름다운 음악을 듣습니다.
2) Studuju (český jazyk a literatura). 나는 체코어와 문학을 공부합니다.
3) Těším se na (strýček a teta). 삼촌과 이모가 기다려집니다.
4) Hrajou na (kytara a klavír). 그들은 기타와 피아노를 연주합니다.

2. 다음 괄호 안의 단어를 알맞은 대격 형태로 고치세요.

1) To je dárek pro (ty). 그것은 너를 위한 선물이다.
2) Náš ředitel je mimo (Praha).
   우리 교장선생님께서 프라하에 계시지 않는다.
3) Trvá to přes (hodina). 한 시간이 넘게 걸린다.

3. 다음 괄호 안의 동사들을 수와 인칭에 맞게 시제(현재)변화하세요.

1) Kdo to(mluvit) vedle? 누가 옆에서 이야기합니까?
2) Paní Nováková (ležet) v nemocnici.
   노박꼬바 부인은 병원에 누워 계신다.
3) Kdy obvykle (studovat)? 언제 보통 공부를 하니?
4) Kdo (znát) nového profesora? 누가 새로운 교수님을 알고 있습니까?

4. 다음을 체코어로 옮기세요.

1) 나는 오스트리아를 잘 안다.
2) 야나는 한국어를 잘 말한다.
3) 엄마는 상점에서 일하신다.
4) 나의 아버지는 커피를 좋아하신다.

• 보헤미아와 프라하의 유래

프라하에는 기원전 4세기말에서 3세기 초에 켈트족이 살았던 흔적이 발견되었다고 한다. 그리스의 역사가 헤로도투수나 로마의 역사가 율리우스 케자르(시저)등의 이야기에 의하면 켈트족들이 이곳 정착민을 보이, 보이오하에뭄, 보헤미아(Boii, Boiohaemum, Bohemia)라고 불렀다고 한다. 오늘날 체코를 보헤미아(Bohemia)라고 하는 말의 기원이다. 또한 19세기말 파리 등 서유럽에서 방랑하는 외국인들에게 어디서 왔느냐하니 보헤미아(체코)에서 왔다고 해서 방랑하는 떠돌이를 보헤미안이라고 부르고 있다.

기원전 후 로마제국의 멸망과 더불어 게르만족이 이곳을 점령하였다는 유적들이 발견되었다. 서 슬라브족들은 6세기경에 이곳 체코(보헤미아)에 정착하기 시작하였다. 고고학적 발견물과 프랑크족들의 연대기, 바바리아족들의 지형학, 아랍 및 헤부르인(유태인)들의 문헌이 9-10세기에 이곳에서 문화가 발전하기 시작했다는 것을 증명하고 있다.

전설이나 연대기에 의하면 보르지보이 대공(852-888)이 기독교로 개종한 후 프라하라고 부른 흐라트차니에 정착하여서 비세흐라트와 흐라트차니에 성채를 짓기 시작하였다고 한다. 보르지보이 대공의 부인 루드밀라(동생한테 살해되어 나중에 성인으로 추앙된 성 바쯸라프의 할머니)도 기독교를 받아들이고 체코에 최초의 교회를 세웠다.

프라하(Praha)는 '문지방'(práh)이나 '언덕'(little hill), '불로서 숲을 태운다'(pražiti), '강물의 소용돌이'(prahy) 등의 의미가 있다고 한다. 프라하는 940-950년대에 독일 연대기작가와 아랍여행객들에 의해 무역이 활발한 곳이라고 기록되었다. 그러나 프르제미슬 왕조의 통치하의 프라하에 대한 기록을 최초로 남긴 국제적인 관찰자는 박학한 유대인으로 스페인에서 아랍어로 기록한 야쿱(Ibrahim ibn Ya'qub)이라고 한다. 그의 기록에 의하면 프라하는 러시아 상인, 터키 상인, 모슬렘 족과 유태인들이 질 좋은 상품들을 구입하러 오는 음식물들이 풍부하고 싼 부유한 도시라고 한다. 그래서 그 때 이래 프라하에는 골렘(인조인간) 전설 등 유대인에 얽힌 전설 등이 많다.

4 Jsem student z Koreje.

저는 한국에서 온 학생입니다.

Studuju češtinu na jazykové škole v Praze.
스뚜두유 췌슈찌누 나 야지꼬베 슈꼴레 프 쁘라제

Zatím je čeština pro mě moc těžká.
자찜 예 췌슈찌나 쁘로 므녜 모쯔 쩨슈까

Umím už objednat jídlo a pití v restauraci.
우밈 우슈 오브예드낫 이들로 아 삐찌브 레스따우라찌

České pivo mi opravdu chutná.
췌스께 삐보 미 오쁘라브두 후뜨나

Musím večer zavolat svému kamarádovi.
무씸 베췌르 자볼랏 스베무 까마라도비

Půjdeme spolu na koncert.
뿌이데메 스뽈루 나 꼰쩨르뜨

저는 프라하에 있는 어학당에서 체코어를 공부하고 있습니다.
아직은 체코어가 제겐 어렵습니다.
이제 레스토랑에서 음식과 음료수를 주문할 수 있습니다.
체코 맥주가 제겐 정말 맛있습니다.
저녁에 친구에게 전화를 해야 합니다.
같이 콘서트에 갑니다.

단어와 숙어 익히기

• z	~으로부터(전치사, +생격)
• Koreje	한국(Korea, F)
• češtinu	체코어(čeština, F)
• jazykové	언어의, 어학의
• zatím	그 동안에, 당분간
• pro	~을 위하여(전치사, +대격)
• moc	매우
• těžká	어려운
• ted'	지금
• už	이미, 벌써
• umím	~할 수 있다.
• objednat	주문하다.
• jídlo	음식(N)
• pití	음료수(N)
• restauraci	레스토랑(restaurace, F)
• pivo	맥주(N)
• pravdu	사실, 진실(pravda, F)
• chutná	맛있는
• zavolat	~부르다.
• kamarádovi	친구(kamarád, M)
• půjdeme	~갈 것이다.(jít동사의 미래형, 1인칭복수)
• spolu	같이
• koncert	콘서트(M)

문법 따라잡기

1. 생격을 받는 전치사(z, od, do, bez / beze, u, kolem, okolo, vedle, podle, místo)

생격을 받는 대표 전치사들과 그 용례를 알아 본다.

z / ze	~으로부터	Můj kamarád je z Japonska. 내 친구는 일본에서 왔다.
od/ode	~으로부터 ~부터(시간) ~에 의한(저자)	Od stanice metra je to jenom kousek. 지하철역에서 조금밖에 안떨어졌다. Pracuji od rána do večera. 나는 아침부터 저녁까지 일한다. román od Karla Čapka 까렐 챠펙의 소설
do	~으로(안) ~까시	Jedu do Brna. 나는 브르노에 간다. Studuje do večera. 서녁까시 공부한다.
bez / beze	~없이	Balík je bez adresy. 소포에 주소가 없다.
u	~가까이 ~한테서(집에)	U okna je ještě volný stůl. 창 가까이 빈 책상이 아직 있다. Jsem na návstěvě u Petra. 나는 뻬뜨르 집에 방문 중이다.
kolem	~옆으로 ~약 ~주위를	Jdeme kolem parku. 공원 옆으로 갑니다. Schůze začíná kolem třetí hodiny. 미팅은 3시경에 시작합니다. Děti běhají kolem stolu. 아이들이 책상 주위를 뛰어 다닙니다.
okolo	(=kolem)	Děti běhají okolo stolu. 아이들이 책상 주위를 뛰어 다닙니다.
vedle	~옆에 ~외에	Ta budova vedle banky je pošta. 은행 옆의 그 건물은 우체국이다. Mluvím korejsky a vedle toho taky česky. 나는 한국어를 말하며 그 외에 체코어도 말한다.

| podle | ~에 의해 | Vařím oběd podle receptu mé maminky.
내 어머니의 조리법대로 점심을 만들고 있습니다. |
| místo | ~대신에 | Udělám tu práci místo tebe.
내가 너를 대신해 그 일을 하겠다. |

2. 조동사 umět(~을 할 줄 안다)

조동사 umět은 2식 동사이며 rozumět처럼 변화한다. umět + 동사원형의 형태로 쓰인다. 변화는 다음과 같다.

	단수	복수
1인칭	umím	umíme
2인칭	umíš	umíte
3인칭	umí	umějí

예문

Umíš už dobře česky? 이제 체코어를 잘 말하니?
Petra i Jana umějí dobře zpívat. 뻬뜨라와 야나는 노래를 잘 할 수 있다.
Moje dítě ještě neumí číst. 내 아이는 아직 읽을 줄 모른다.

3. 동명사 pití(마실 것)

동명사는 동사를 명사화하여 명사의 기능을 수행한다. 동명사는 다른 명사에 비해 동작이나 행위의 성격을 다분히 지니고 있다. 동명사는 모음 í로 끝나며 14 대표명사 중 stavení 유형에 속한다.

예문 cvičení(연습), psaní(쓰기), milování(사랑하는 것), pití(마실 것)

Jako domácí úkol máte cvičení jedna. 숙제로 연습(문제) 1번입니다.
Psaní mu ještě dělá problémy. 쓰는 것이 아직 그에겐 문제가 됩니다.
Líbí se mi árie Věrné milování. 아리아 '충직한 사랑' 이 마음에 듭니다.
Co si dáte k pití? 무엇을 마시겠습니까?

4. 명사 여격(단수)

여격은 행위가 행해지는 대상이나 인물이 간접목적어로 사용되며 우리말의 ~에게로 보통 해석된다. 여격은 여격을 취하는 동사와 전치사들이 올 때도 쓰인다.

남성		여성		중성	
주격	여격	주격	여격	주격	여격
pán	pán–ovi(u)	žena	žen–ě	město	měst–u
muž	muž–i(ovi)	růže	růž–i	moře	moř–i
předseda	předsed–ovi	kost	kost–i	stavení	stavení
soudce	soudc–i(ovi)	píseň	písn–i	kuře	kuř–et–i
hrad	hrad–u				
stroj	stroj–i				

○ 몇몇 남성 생물명사들은 여격에서 −i와 −ovi의 두 가지 형태를 갖는다. −ovi는 보통 이름인 경우에 쓰며 이 때 명사가 하나인 경우는 −ovi, 하나 이상의 명사가 나열될 때는 가장 마지막에 있는 명사의 어미가 −ovi가 되고 나머지는 −u이다.

예문

panu prezidentu Václavu Havlovi 바쯜라프 하벨 대통령께
panu doktoru Petru Novákovi 뻬뜨르 노박 의사께
mému bratru Mirkovi 미렉형에게

○ −ka, −ra, −ha/−ga, −cha로 끝나는 여성명사는 여격에서 −ce, −ře, −ze, −še로 변화된다.

예문

dívka / dívce, sestra / sestře, Praha / Praze, Olga / Olze, střecha / střeše

5. 지시대명사 여격(단수)

문장에서 수식을 해주는 명사가 여격으로 쓰인 경우 지시대명사도 여격의 형

태로 변화한다.

	남성	여성	중성
주격	ten	ta	to
여격	tomu	té	tomu

예문

Dáme profesoru Kováčovi tu knihu.
우리는 그 책을 꼬바츄 교수님께 드립니다.
Nerozumím tomu cizímu slovu. 나는 그 외래어를 이해하지 못한다.
Ke stadiónu už to není daleko. 스타디움까지는 이제 멀지 않다.
V létě jedu k moři. 나는 여름에 바다로 간다.

6. 소유대명사 여격

남성	여성	중성
můj / mému(나에게)	moje, má / mé, mojí	moje, mé / mému
tvůj / tvému(너에게)	tvoje, tvá / tvé, tvojí	tvoje, tvé / tvému
její / jejímu(그녀에게)	její / její	její / jejímu
náš / našemu(우리에게)	naše / naší	naše / našemu
váš / vašemu(당신들에게, 당신에게)	vaše / vaší	vaše / vašemu

◗ 3인칭 소유대명사 jeho(그의), jejich(그들의)는 모든 성, 수, 격에 단일 형태
  만을 보인다.

예문

Jak se daří tvému manželovi? 네 남편이 어떻게 지내니?
Pomáháme její mamince. 우리는 그녀 엄마를 도와 드립니다.
Banka leží naproti našemu domu. 은행은 우리 집 맞은 편에 있다.

7. 인칭대명사 여격(단수)

문장에서 간접목적어 역할을 하며 한국어의 ~에게(동사에 따라 ~을/~를)에 해당한다. 이 밖에 인칭대명사의 여격은 여격지배 동사 혹은 전치사와 함께 올 수 있다.

주격	여격
já	mně / mi
ty	tobě / ti
on ona ono	jemu(němu), mu jí(ní) jemu(němu),mu
my	nám
vy	vám
oni / ony / ona	jim(nim)

예문

Ten cizinec nám nerozumí. 그 외국인은 우리를 이해하지 못한다.
Jak se ti líbí Praha? 프라하가 마음에 드십니까?
Učitelka jim dává domácí úkol. (여)선생님께서 그들에게 숙제를 주신다.
Jdeme k němu na návštěvu. 그의 집에 방문 갑니다.

8. 여격을 취하는 동사들

다음은 여격을 취하는 동사들과 그 예이다. 한국어의 ~을/~를로 해석되는 동사에 유의한다.

gratulovat(축하하다)   Gratujeme vám k úspěchu.
                             우리는 당신의 성공을 축하드립니다.

dařit se(~지내다)   Jak se ti daří?
                             어떻게 지내십니까?

děkovat(고마워하다)   Děkujeme panu profesorovi.
                             우리는 교수님께 감사드립니다.

líbit se(마음에 들다)	Bratrovi se to líbí.
	그것이 형 마음에 듭니다.
patřit(~에 속하다)	Ta kniha patří mému kamarádovi.
	그 책은 내 친구 책입니다.
podobat se(~를 닮다)	Dcera se podobá své matce.
	딸은 어머니를 닮는다.
pomáhat(~를 돕다)	Syn mi často pomáhá v kuchyni.
	아들이 자주 부엌에서 나를 돕는다.
přát(~바라다)	Přeji vám k svátku.
	당신 축일에 기원합니다.
rozumět(~을 이해하다)	Nerozumíš tomu problému?
	그 문제를 이해하지 못하니?
věřit(~믿다)	Už mu nevěříme.
	우리는 이제 그를 믿지 않습니다.

○ líbit se 에서 좋아하는 주체는 여격으로, 좋아하는 대상은 주격으로 표현한다. 체코어는 어순이 자유로운 편이나 se는 재귀대명사로 항상 문장의 두 번째 자리에 위치함에 주의한다.

예문

Líbí se mi škola. 학교가 내 마음에 든다.
Škola se mi líbí. 학교가 내 마음에 든다.
Moc se mi líbí škola. 학교가 아주 내 마음에 든다.

9. 여격을 취하는 전치사들

k(~에게)	Jedeme na návštěvu k babičce.
	우리는 할머니를 방문하러 갑니다.
proti(~에 반대하여)	Co máte proti nám?
	우리에게 반대하는 이유가 무엇입니까?
naproti(~맞은 편에)	Naproti škole je velký park.
	학교 맞은 편에 큰 공원이 있다.

	kvůli(~때문에)	Kvůli nemoci je doma.
		아파서(병 때문에) 집에 있다.
	díky(~덕분에)	Díky němu máme nové auto.
		그(사람)덕분에 우리는 새 자동차가 생겼다.

10. jít / jet동사(가다)의 변화

jít(걸어서 가다)와 jet(차를 타고 가다)동사는 불규칙 동사로 불규칙 변화를 한다. jít동사의 미래형은 접두사 pů-를, jet동사는 접두사 po-를 붙여 만든다.

	jít (현재)	미래	jet (현재)	미래
já	jdu	půjdu	jedu	pojedu
ty	jdeš	půjdeš	jedeš	pojedeš
on, ona, ono	jde	půjde	jede	pojede
my	jdeme	půjdeme	jedeme	pojedeme
vy	jdete	půjdete	jedete	pojedete
oni, ony, ona	jdou	půjdou	jedou	pojedou

예문

Jdu domu. 나는 집에 갑니다.(걸어서)
Jdeme k sousedovi. 우리는 이웃에게 갑니다.(걸어서)
Půjdu do školy. 나는 학교에 갈 것입니다.(걸어서)
Jedu domů. 나는 집에 갑니다.(차를 타고)
Jedeme do Prahy. 우리는 프라하에 갑니다.(차를 타고)
Pojedu do Číny. 나는 중국에 갈 것입니다.(차/비행기를 타고)

11. 의문대명사 kam과 kde

어디로라는 뜻의 의문대명사 kam은 동작동사와 함께 사용되며 어디에라는 뜻의 의문대명사 kde는 상태동사와 함께 사용된다. kam으로 물으면 동작동사+장소부사 또는 동작동사+전치사 do, k, na를 사용해 대답한다. 동작동사와 오는 전치사 na 뒤에는 대격이, 상태동사와 오는 전치사 na 뒤에는 전치격이 온다.

예문 **Kam jde Jan?** 얀은 어디로 갑니까?

Jde sem. 그는 여기로 온다.
Jde domů. 그는 집으로 간다.
Jde ven. 그는 밖으로 간다.
Jde do školy. 그는 학교로 간다.
Jde na stadión. 그는 스타디움으로 간다.
Jde k ní. 그는 그녀에게 간다.

예문 **Kde je Jan?** 얀은 어디에 있습니까?

Je tady. 그는 여기에 있다.
Je doma. 그는 집에 있다.
Je venku. 그는 밖에 있다.
Je ve škole. 그는 학교에 있다.
Je na stadiónu. 그는 스타디움에 있다
Je u ní. 그는 그녀 집에 있다.

3 단계

표현 따라하기 🎧

• **učit se＋부사 ～을 배우다 & mluvit＋부사 ～을 말하다의 표현**

예문

Učím se česky. 나는 체코어를 배운다.
Učím se korejsky. 나는 한국어를 배운다.
Učím se anglicky. 나는 영어를 배운다.
Učím se japonsky. 나는 일본어를 배운다.
Učím se čínsky. 나는 중국어를 배운다.
Učím se německy. 나는 독일어를 배운다.
Učím se španělsky. 나는 스페인어를 배운다.

Mluvím francouzsky. 나는 프랑스말을 한다.

Mluvím rusky. 나는 러시아말을 한다.

Mluvím polsky. 나는 폴란드말을 한다.

Mluvím slovensky. 나는 슬로바키아말을 한다.

Mluvím mad'arsky. 나는 헝가리말을 한다.

Mluvím holandsky. 나는 네델란드말을 한다.

Mluvím bulharsky. 나는 불가리아말을 한다.

4 단계

체 코 어 로 말 하 기 🎧

회화 1

• Jak se ti líbí ten nový román? 그 새 소설책이 네 마음에 드니?
  약 쎄 찌 리비 뗀 노비 로만

• Nic mi to neříká. 모르겠는데.
  니쯔 미 또 네쥐까

• To se ti divím. 그것 이상하구나.
  또 쎄 찌 지빔

회화 2

• Zatelefonuješ mi dnes večer? 오늘 저녁에 내게 전화할거니?
  자뗄레포누예슈 미 드네스 베췌르

• Dobře, kdy ti mám přesně zavolat? 좋아, 정확히 몇 시에 할까?
  도브르제 그디 찌 맘 프르제스녜 자볼랏

• Kolem osmé hodiny. 8시경에
  꼴렘 오스메 호지니

회화 2

• Mluvíte čínsky? 중국어말을 하세요?
  믈루비떼 췬스끼

• Jen trochu. Učím se čínsky na jazykové škole.
  옌 뜨로후 우침 쎄 친스끼 나 야지꼬베 슈꼴레

조금요. 어학당에서 중국어를 배웁니다.

• Je to pro vás těžký jazyk? 당신에게 어려운 말인가요?
  예 또 쁘로 바스 쩨슈끼 야직

• Ano, je to velmi těžké. 네, 아주 어렵습니다.
  아노 예 또 벨미 쩨슈께

5 단계

함께 연습하기

1. 다음 괄호 안의 단어들을 알맞은 형태로 고치세요.

   1) Od (profesor) máme domácí úkol.
   2) Jdu do kina bez (kamarád).
   3) Kolem (škola) rostou stromy.
   4) Podle (mapa) jsme nedaleko nádraží.

2. 다음 괄호 안의 단어들을 알맞은 여격 형태로 고치세요.

   1) Ta kniha patří (sestra).
   2) Doma pomáháme (maminka).
   3) (Bratr) se líbí moderní hudba.
   4) Přejeme (paní učitelka) k svátku.

3. 다음 괄호 안의 단어들을 알맞은 여격 형태로 고치세요.

   1) Něco (ty) řeknu.
   2) Nerozumím (vy).
   3) Proč (já) děkuješ?
   4) Díky (on) jsme dnes tady.
   5) Proti (oni) vůbec nic nemám.

5. 다음을 체코어로 옮기세요.

1) 내 친구는 중국에서 왔다.
2) 아버지는 가끔 어머니를 부엌에서 돕는다.
3) 나는 여동생 집에 방문하러 간다.
4) 우리는 내일 공원에 갑니다.

체코 문화와의 만남

• 체코의 세종대왕: 카렐 4세

　1278년 오타카르의 죽음과 1306년 프르제미슬 왕가의 마지막 왕인 바쯜라프 3세의 피살 후, 프라하는 무정부와 외세의 침략, 전염병의 창궐 등으로 황폐화되었다. 또한 외국군대의 간섭 등으로 거의 전시상태에 놓였고, 프라하의 가난한 민중은 체코 귀족들을 동정하기 시작했다. 그래서 그들은 헨리 왕에게, 룩셈부르크 왕가의 젊은 왕자 존이 프르제미슬의 공주 엘리슈카와 결혼하여 미래의 보헤미아 왕이 되도록 해줄 것을 요청하였다. 존 왕의 아들 바쯜라프(나중에 카렐Karel – 찰스 Charles로 불림)는 1316년에 태어났으며, 아버지의 명에 의해 이탈리아와 프랑스에서 교육을 받았다. 교황은 존 왕과 그의 아들 카렐의 요청으로 1344년에 프라하에 총주교 제도를 승인하는 칙서를 발행했다. 그들은 또한 프라하의 독립을 상징하는 새로운 성인 비트성당의 초석을 놓았다.

　전쟁을 좋아하던 존 왕이 죽자 카렐 4세는 1346년에 신성로마제국의 황제로 선출되었고 보헤미아의 왕을 계승하였다. 로마인들과 이탈리아인들은 카렐이 로마에서 과거의 위대한 로마제국을 재건하길 바라며 그를 신성로마제국의 황제로 뽑았으나, 카렐은 그들의 희망을 버리고 어머니의 고향 프라하를 수도로 정하여 이주했다. 그는 프라하에 와서 체코어를 배웠고, 프라하를 유럽 권력의 심장부로 만들어 종교적 건축물과 창조적인 문화의 도시로 변모시켰다. 그는 한국의 세종대왕보다 1세기 앞서 살았지만, 아주 영민하였고 체코에 인본주의 전통을 세운 위대한 통치자였다. 그의 통치 기간 동안 우리가 보는 오늘날 프라하의 기본 틀이 만들어졌다. 당시 프라하는 파리나 런던보다 큰 도시였으며, 그가 건설한 신시가지 바쯜라프 광장 지역과 민족극장 지역은 오늘날 프라하의 중심 중 하나이다.

5

Kam jedete?

어디로 가십니까?

Jedeme na výlet do Brna.
예데메　나　빌렛　도　브르나

Brno je druhé největší město České republiky.
브르노 예　드루헤　네이비예취 므녜스또　췌스께　레뿌블릭끼

V Brně se konají populární motoristické závody.
브 브리녜 쎄　꼬나이　뽀뿔라르니　모또리스띠쯔께　자보디

Všude budou diváci a jejich auta.
프슈데　부도우　지바찌 아　예이흐 아우따

Na Brno se už moc těšíme.
나　브르노 쎄　우슈 모쯔　쩨쉬메

Doufáme, že se našemu mladému motocyklistovi
도우파메　줴 쎄　나쉬무　믈라데무　모또찌끌리스또비

Lukáši Peškovi bude dařit.
루까쉬　뻬슈꼬비　부데 다르짓

우리는 브르노로 여행을 갑니다.
브르노는 체코에서 두 번째로 큰 도시입니다.
브르노에서는 인기 있는 오토바이 경주가 열립니다.
사방에 관람객들과 자동차가 있을 겁니다.
브르노로 가는 게 매우 기대됩니다.
우리 젊은 오토바이 경주자 루까슈 뻬쉑의 건투를 빕니다.

단어와 숙어 익히기

• kam	어디로(의문대명사)
• druhé	두 번째(druhý)
• největší	가장 큰
• konají se	열린다.
• motocyklové	오토바이의
• závody	경주(závod, M)
• populární	인기 있는, 대중적인
• všude	사방에
• diváci	관객들(divák, M)
• těšíme se	기대한다.
• doufáme	바란다.
• motocyklista	오토바이 경주자
• dařit se	~잘 되어 가다. 성공하다.

문법 따라잡기

1. 명사 복수 주격

다음은 14 대표명사의 복수 주격 형태이다.

남성		여성		중성	
단수주격	복수주격	단수주격	복수주격	단수주격	복수주격
pán	pán-i, (−ové, −é)	žena	žen-y	město	měst-a
muž	muž-i, (−ové)	růže	růž-e	moře	moře
předseda	předsed-ové,	kost	kost-i	stavení	stavení
soudce	soudc-i, (−ové)	píseň	písn-ě	kuře	kuř-at-a

hrad	hrad-y		
stroj	stroj-e		

⭕ 체코어의 복수 주격은 남성 생물명사에서 다소 복잡하다.

• −pán 유형의 명사들은 대게 복수접미사 −i가 붙는다.
• −an으로 끝나는 명사들은 −é가 온다. (⑩ Angličan / Angličané, Američan / Američané)
• −tel로 끝나는 명사는 복수접미사 −é가 온다.(učitel / učitelé, spisovatel / spisovatelé)
• 복수접미사 −ové는 민족의 명칭을 뜻하는 단음절의 단어에서 찾아 볼 수 있다. (Čech / Čechové(Češi), Ind / Indové, Fin / Finové, Švéd / Švédové)
• muž와 soudce유형에 속하는 단어들 중 −i, −ové 두 형태 모두 올 수 있는 명사들이 있다.

  예문 velmoži / velmožové, malíři / malířové, soudci / soudcové, vůdci / vůdcové

• 복수접미사 −i와 결합할 때 다음과 같은 자음변이가 일어난다.

  k → c   úředník − úředníci
  h → z   pstruh − pstruzi
  ch → š   Čech − Češi
  r → ř   bratr − bratři

  예문

Prodavači otevírají brzo. 판매원들은 일찍 문을 연다.
Teď jezdí Rusové často do Prahy.
최근 러시아사람들이 자주 프라하에 다니러 온다.
Ty stoly jsou moderní. 이 책상들은 현대적이다.
Pokoje v tom hotelu jsou drahé. 그 호텔의 방들은 비싸다.
Zahrady Pražského hradu jsou krásné.
프라하성의 정원들은 아름답다.
Korejské restaurace jsou pro nás zajímavé.
한국식당들은 우리에겐 흥미롭다.
Kolem města jsou všude pole. 도시주변엔 사방이 밭이다.

Náměstí v Praze jsou hezká a atraktivní.
프라하의 광장들이 예쁘고 매력적이다.

2. 형용사, 지시대명사, 소유대명사의 복수 주격

		남성	여성	중성
주격		ten můj mladý	ta moje / má mladá	to moje / mé mladé
복수 주격	경변화	ti moji / mí mladí tvoji / tví naši, vaši	ty moje / mé mladé tvoje / tvé naše, vaše	ta moje má mladá tvoje tvá naše vaše
	연변화	ti moderní	ty moderní	ta moderní

⊙ jeho, její, jejich는 그 형태가 변화하지 않는다.

예문

Jsou tam vaši studenti? 저기에 그들이 당신 학생들입니까?
Tvoji přátclć přijdou taky? 네 친구들도 오니?
Ty vysoké domy se mi nelíbí. 그 큰 집들은 내 마음에 들지 않는다.
To jsou naše české profesorky. 그들은 우리의 체코 교수님들이다.
Jsou ty knihy zajímavé? 그 책들이 재미있습니까?
Ta moderní auta jsou z Japonska.
그 현대식 자동차들은 일본에서 왔습니다.

3. 수사

체코어의 수사 중 기수와 서수를 알아 본다. 숫자 1뒤에는 단수가 2~4뒤에는 복수 주격이 5~ 뒤에는 복수 생격의 형태가 온다. 복수 생격의 형태는 8과를 참조한다.

1 jeden, jedna, jedno	11 jedenáct	30 třicet
2 dva, dvě	12 dvanáct	40 čtyřicet
3 tři	13 třináct	50 padesát

4 čtyři	14 čtrnáct	60 šedesát
5 pět	15 patnáct	70 sedmdesát
6 šest	16 šestnáct	80 osmdesát
7 sedm	17 sedmnáct	90 devadesát
8 osm	18 osmnáct	100 sto
9 devět	19 devatenáct	0 nula
10 deset	20 dvacet	

200 dvě stě	300 tři sta	400 čtyři sta
500 pět set	600 šest set	700 sedm set
800 osm set	900 devět set	

1,000	tisíc
2,000 ~ 4,000	dva tisíce, tři tisíce, čtyři tisíce
5,000 ~ 9,000	pět tisíc ~ devět tisíc
10,000 ~ 90,000	deset tisíc ~ devadesát tisíc
100,000~900,000	sto tisíc ~ devět set tisíc
1,000,000	milión
1,000,000,000	miliarda

➡ 21~99까지는 십단위수＋일단위수의 조합으로 이루어진다.

예문

21 dvacet jedna	31 třicet jedna	43 čtyřicet jedna
55 padesát pět	76 sedmdesát šest	84 osmdesát čtyři
97 devadesát sedm		

➡ 100~999까지는 백단위수＋십단위수＋일단위수의 조합으로 이루어진다.

예문

101 sto jedna	112 sto dvanáct	255 dvě stě padesát pět

● 그 외의 숫자들도 단위수대로 나열하여 조합하면 된다.

예문

1991	tisíc devět set devadesát jedna
	(devatenáct set devadesát jedna)
1492	tisíc čtyři sta devadesát dva (čtrnáct set devadesát dva)
2005	dva tisíce pět
15,550	patnáct tisíc pět set padesát
99,999	devadesát devět tisíc devět set devadesát devět
130,000	sto třicet tisíc
999,999	devět set devadesát devět tisíc devět set devadesát devět

● 수사 1인 남성명사와 결합할 때는 jeden, 여성명사와 결합할 때는 jedna, 중성명사와 결합할 때는 jedno로 사용된다.
수사 2~4는 남성명사와 결합할 때는 dva, 여성명사와 중성명사와 결합할 때는 dvě로 사용된다.

jeden student	dva studenti	tři studenti	čtyři studenti
jedna ulice	dvě ulice	tři ulice	čtyři ulice
jedno jablko	dvě jablka	tři jablka	čtyři jablka

● 서수 1~100
1~4까지의 서수는 기수와 비교해 볼 때 그 파생상 불규칙적이나 5이상의 서수는 기수와 일정 정도의 규칙적인 파생관계를 갖는다. 후자의 경우 서수는 기수에 −ý를 붙여서 만든다. 그러나 −et로 끝나는 기수에서 파생한 서수는 −etý가 아니라 −átý가 된다. −í로 끝나는 서수는 형용사 연변화처럼 −ý로 끝나는 서수는 형용사 경변화처럼 격변화한다.

1. první 2. druhý 3. třetí 4. čtvrty 5. pátý 6. šestý 7. sedmý 8. osmý 9. devátý 10. desátý
11.~19. jedenáctý~devatenáctý 20. dvacátý 30. třicátý 40. čtyřicátý
50.~ 90. padesátý~devadesátý 100. stý

4. 형용사 비교급과 최상급

비교급과 최상급은 성질이나 상태의 정도를 비교하는 것으로 한국어로 비교급은 더~한, 최상급은 가장~한으로 일반적으로 해석된다.

1. 비교급을 만드는 방법

1) 형용사 어간(-ý, -í을 떼어낸)에 대체로 -ejší /-ější를 붙여서 만든다. 그래서는 모든 형용사 비교급은 형용사 연변화에 속한다.
   형용사 어간이 -l, -s, -z로 끝나면 비교급 접사 -ejší를 붙이고 -p, -m, -v, -t, -n로 끝나면 -ější를 붙인다.
2) -ší형 비교급은 소수의 형용사에서 파생된다. 비교급에서 접사 -ší가 오고 어간의 끝이 자음 -s, -z, -ch, -h이면 자음변화 규칙에 따라서 -s, -ch는 -š로 -z, -h는 -ž로 바뀐다.
3) -eký, -oký로 끝나는 형용사는 -eký, -oký를 탈락하고 -ší를 붙여서 비교급을 만든다.
4) -ký로 끝나는 형용사는 -ký를 탈락하고, -ší를 붙여서 비교급을 만든다. 비교급의 어간의 장모음은 단모음화 된다.
5) -ký로 끝나는 극소수의 형용사들은 -ký를 제거한 후 -čí를 붙인다.
6) 불규칙으로 변화하는 예

2. 최상급을 만드는 방법

비교급에 접두사 nej-를 붙여서 만든다.

	원급		비교급	최상급
1	hlasitý	시끄러운	hlasitější 더 시끄러운	nejhlasitější 가장 시끄러운
	jasný	분명한	jasnější	nejjasnější
	pomalý	느린	pomalejší	nejpomalejší
	silný	빠른	silnější	nejsilnější
2	bohatý	부유한	bohatší	nejbohatší
	drahý	비싼	dražší	nejdražší
	mladý	젊은	mladší	nejmladší
	starý	늙은	starší	nejstarší

3	hluboký	깊은	hlubší	nejhlubší
	široký	넓은	širší	nejširší
	vysoký	높은	vyšší	nejvyšší
4	blízký	가까운	bližší	nejbližší
	krátký	짧은	kratší	nejkratší
	nízký	낮은	nižší	nejnižší
	těžký	어려운	těžší	nejtěžší
5	hezký	아름다운	hezčí	nejhezčí
	lehký	쉬운, 가벼운	lehčí	nejlehčí
	měkký	부드러운	měkčí	nejměkčí
6	malý	작은	menší	nejmenší
	velký	큰	větší	největší
	dobrý	좋은	lepší	nejlepší
	špatný	나쁜	horší	nejhorší

◆ ~보다의 표현은 체코어 접속사 než가 사용된다.

예문

Který český televizní kanál je lepší, Nova nebo Prima?
노바와 쁘리마 중 어떤 체코 체널이 더 좋습니까?
Karel je mladší než můj bratr. 까렐이 내 형보다 어리다.
On je nejsilnější ve třídě. 그는 교실에서 가장 힘이 세다.
Kdo je nejschopnější student? 누가 가장 능력 있는 학생입니까?

5. 재귀대명사

체코어에는 자기, 자신, 스스로를 뜻하는 재귀대명사가 존재한다. 주어의 인칭, 수, 성에 상관없이 단일 형태만이 사용되며 그 변화는 아래의 도표와 같다. 주격이 존재하지 않으며 지시상 문장의 주어와 결속관계를 가진다. 접어 구실을 하는 단형 se/si는 생격/여격/대격에만 나타나고 강조의 용법이나 전치사와 함께 쓰일 때는 장형 sebe/sobě가 쓰인다.

생격	여격	목적격	전치격	조격
sebe	sobě, si	sebe, se	sobě	sebou

예문

Věří jen sám sobě. 그는 자기 자신만을 믿는다(여격).
Jana o sobě ráda mluví.
야나는 자신에 대해 말하는 것을 좋아한다(전치격).
Mám s sebou tu knihu.
나는 그 책을 가지고 있다(현재 소지하고 있다, 조격).
Myju se každý den. 나는 날마다 씻는다.(목적격 단형)

◐ 재귀대명사 si, sa의 특수용법

1) 절대 재귀동사 : 반드시 재귀대명사 se, si,와 같이 오는 동사를 의미한다.
   Jmenovat se(~불리우다), smát se(웃다), ptát se(묻다), vrátit se(돌아
   오다), učit se(배우다), cítit se(느끼다), bát se(두려워하다), pokoušet
   se(시도하다), stydět se(부끄러워하다), líbit se(~의 마음에 들다)

   예문

   Jak se jmenujete? 이름이 어떻게 되세요?
   Proč se směješ? 왜 웃니?
   Nestydíte se ani trochu? 조금도 부끄럽지 않니?

   Přát si(바라다), koupit si(사다), objednat si(주문하다), vzít si(갖다),
   vzpomínat si(상기하다), pamatovat si(기억하다), sednout si(앉다),
   lehnout si(눕다), půjčit si(빌리다)

   예문

   Co si přejete? 무엇을 바라십니까?
   Objednáme si pivo a kolu. 우리는 맥주와 콜라를 주문합니다.
   Proč si to nepamatujete? 왜 그것을 기억하지 못합니까?

2) 상호 재귀사 : 문장의 인칭이 복수인 경우 si와 se가 서로를~하다라는 뜻의
   상호관계를 의미하는 역할을 할 수 있다.

예문

Milujeme se už dlouho. 우리는 벌써 오랫동안 서로 사랑해 왔습니다.

Jan a Jana si píšou. 얀과 야나는 서로 편지를 쓴다.

Pomáháme si. 우리는 서로 돕습니다.

Petr a Hana si dobře rozumějí. 뻬뜨르와 하나는 서로 잘 이해합니다.

3) 수동 재귀사 : 재귀대명사 se가 문장을 수동태로 만드는 역할을 한다.

예문

Jak se to řekne česky?

그것을 체코어로 무엇이라고 하지요? (불리워지다)

V Soulu se hodně staví. 서울에서는 건축이 많이 이루어지고 있다.

To se tak nepíše. 그것은 그렇게 쓰지 않는다. (안쓰여진다)

4) 일부 동사들은 재귀대명사 se 대신 si+목적어의 형태를 사용하여 구체적인 행위의 대상을 표현한다.

예문

Myju se. 나는 씻는다.	Myju si hlavu. 나는 머리를 씻는다.
Oblékám se. 나는 옷을 입는다.	Oblékám si kabát. 나는 외투를 입는다.
Holím se. 나는 면도한다.	Holím si bradu. 나는 턱을 면도한다.
Obouvám se. 나는 (신발을) 신는다.	Obouvám si boty. 나는 신발을 신는다.
Češu se. 나는 (머리를) 빗는다.	Češu si vlasy. 나는 머리를 빗는다.

6. být동사의 미래형(~할 것이다)

~있을 것이다의 뜻 이외에 일반 동사와 결합하여서 미래시제를 만드는 역할을 한다.

	단수	복수
1인칭	budu	budeme
2인칭	budeš	budete
3인칭	bude	budou

예문

Budeme doma večer. 우리는 저녁에 집에 있을 것이다.
Budou jezdit na kole. 그들은 자전거를 탈 것이다.(미래시제)
Budu studovat v Praze. 나는 프라하에서 공부를 할 것이다.(미래시제)
Bude vařit oběd. 그(그녀)는 점심을 만들것이다.(미래시제)

7. těšit se na~(~을 기대하다)

전치사 na 뒤에 대격을 취한다.

예문

Těším se na babičku a dědečka.
나는 할머니와 할아버지를 (만나는 것을)기대하고 있다.
Na co se těšíš? 무엇을 기대하니?
Studenti se těší na prázdniny. 학생들은 방학을 기대한다.

8. že~ (že이하를 ~하다고)

두 개의 문장 중 종속절을 이끄는 역할을 하는 접속사이다. 영어의 that에 해당하는 접속사로서 문장에서 빈번히 쓰인다. 영어와는 다르게 주절이 과거라도 종속절에서 과거, 현재, 미래시제가 올 수 있다.

예문

Myslím, že máš pravdu. 나는 네가 옳다고 생각한다.
Říkají, že je nemocný. 그들이 그(그녀)가 아프다고 말한다.
Víme, že se na nás těšíte.
우리는 당신들이 우리를 (만날 것을)기대하고 있다는 것을 안다.

Píše, že potřebuje peníze. 그(그녀)는 돈이 필요하다고 쓴다.
Rozhlas informuje, že letadlo má zpoždění.
라디오는 비행기가 연착되었다고 방송한다.

3단계

표현 따라하기

시간은 체코어로 hodina이다. 숫자의 특성상 2~3시 뒤에는 복수 주격 형태인 hodiny가 4시 이후의 시간을 표현할 때는 복수 생격 형태인 hodin이 온다. 이 때 být동사의 변화 형태에 유의한다. ~시에 라는 표현은 전치사 v를 사용하는데 이 때 v 뒤에 대격을 취한다.

Kolik je hodin?	몇 시입니까?	V kolik hodin?	몇 시에?
Je jedna hodina.	1시입니다.	V jednu hodinu.	1시에
Jsou dvě hodiny.	2시입니다.	Ve dvě hodiny.	2시에
Jsou tři hodiny.	3시입니다.	Ve tři hodiny.	3시에
Jsou čtyři hodiny.	4시입니다.	Ve čtyři hodiny.	4시에
Je pět hodin.	5시입니다.	V pět hodin.	5시에
Je šest hodin.	6시입니다.	V šest hodin.	6시에
Je sedm hodin.	7시입니다.	V sedm hodin.	7시에
Je osm hodin.	8시입니다.	V osm hodin.	8시에
Je devět hodin.	9시입니다.	V devět hodin.	9시에
Je deset hodin.	10시입니다.	V deset hodin.	10시에
Je jedenáct hodin.	11시입니다.	V jedenáct hodin.	11시에
Je dvanáct hodin.	12시입니다.	Ve dvanáct hodin.	12시에

체 코 어 로 말 하 기

회화 1

• Kdo je starší, ty nebo Karel? 너와 까렐 중에 누가 더 나이가 많니?
그도 예 스따르쉬 띠 네보 까렐

• Karel je o dva roky starší. 까렐이 두 살 더 많아.
까렐 예 오 드바 로끼 스따르쉬

• O co se zajímá? 그가 무엇에 관심이 있지?
오 쪼 쎄 자이마

• O poštovní známky. 우표에 관심이 있어.
오 뽀슈또브니 즈남끼

회화 2

• Jaké máš telefonní číslo? 전화번호가 어떻게 되니?
야께 마슈 뗄레폰니 취슬로

• Moje číslo je čtyři sta třicet tři padesát čtyři sedmdesát osm.
모예 취슬로 예 츄띠르지 스따 트르지쩻 트르지 빠데쌋 츄띠르지 쎄듬데쌋 오씀

내 전화번호는 433−5478이야.

• A tvůj mobil? 네 핸드폰은?
아 뜨보이 모빌

• Je to nula deset dvanáct třicet čtyři padesát šest sedmdesát osm.
예 또 눌라 데쎗 드바나스뜨 트르지쩻 츄띠르지 빠데쌋 쉐스뜨 쎄듬데쌋 오씀

010−1234−5678이야.

회화 3

• Co budeme dělat dnes večer? 우리는 오늘 저녁에 무엇을 할까요?
쪼 부데메 젤랏 드네스 베췌르

• Budeme se dívat na televizi. 텔레비전을 볼 겁니다.
부데메 쎄 지밧 나 뗄레비지

• Co bude na programu? 무슨 프로그램이지?
쪼 부데 나 쁘로그라무

• Bude se vysílat koncert klasické hudby.
부데 쎄 비씰랏 꼰쩨르뜨 끌라씨쯔께 후드비
클래식 음악 콘서트를 방송할 겁니다.

함께 연습하기

1. 다음 괄호 안의 명사들을 복수 주격 형태로 고치세요.

   1) Přijdou dva (nový učitel).
   2) Do Prahy přijedou tři (korejská studentka).
   3) (Velké okno) patří našemu bytu.
   4) (Čerstvý rohlík) jsou nejlepší.

2. 다음 숫자들을 체코어로 읽으세요.

   1) 35
   2) 672
   3) 1953
   4) 125,634

3. 다음 괄호 안에 재귀대명사 si 혹은 se의 알맞은 형태를 써넣으세요.

   1) On je sám proti (   ).
   2) Vrátím (   ) dnes večer domů.
   3) Už dlouho (   ) píšeme
   4) Čístím (   ) zuby.

4. 다음을 체코어로 옮기세요.

   1) 두 마리의 예쁜 고양이(kočka)가 방에 있다.
   2) 나의 형은 학교에서 힘이 가장 세다.
   3) 두 번째 여자가 내 누이이다.
   4) 나는 얀까가 아프다고 생각한다.

• 프라하 카렐대학교(Karlova univerzita; Charles University)
: 중세 학문의 메카—중부유럽 최초의 대학

카렐대학교는 르네상스 기운이 태동하던 중세 말기에 독일 및 슬라브권에서는 최초로 설립된 대학이다. 카렐대학은 중부유럽 학문의 중심지로 중세의 학문 풍토와 전통을 이어받았으며 인본주의 사상의 메카로서 유럽 지성사에 큰 몫을 했다. 프라하대학(후에 카렐대학교로 명명됨)은 1347년 카렐의 친구이자 스승인 클레멘트 교황 6세의 특별 칙서에 의해 허가받아 이듬해인 1348년에 설립되었는데, 카렐 황제가 잘 알고 있던 볼로냐와 파리대학을 모델로 삼았다. 대학의 핵심 건물은 카롤리눔Karolinum으로서 오늘날 총장실이 있고 졸업식 등 중요한 행사를 하는 대학 건물 중 가장 오래된 곳이다. 이 카롤리눔에는 고딕 양식의 튀어나온 창문과 벽이 보전되어 있다.

르네상스 최초의 서정시인으로서 카렐 황제와 교류했던 페트라르카Petrarca가 카렐대학을 방문한 것은 14세기 중엽의 일이었다. 카렐 4세는 왕자 시절 아버지의 명에 의해 이탈리아와 프랑스에서 교육을 받았다. 따라서 그는 이 시기에 볼로냐대학과 파리대학의 학문적 분위기를 경험하였다.

Náš byt

우리의 아파트

Bydlíme v Praze 8.
비들리메 프 쁘라제 오씀

Náš velký dům se nachází na moderním sídlišti Ďáblice.
나슈 벨끼 둠 쎄 나하지 나 모데르님 씨들리슈찌 쟈블리쩨

Od našeho bytu jsou to jenom tři minuty do stanice metra Ládví.
오드 나쉐호 비뚜 쏘우 또 예놈 트르지 미누띠 도 스따니쩨 메뜨라 라드비

Nedávno otevřeli v metru tři nové stanice.
네다브노 오떼브르젤리 브 메뜨루 트르지 노베 스따니쩨

Máme moderní kuchyň, dva pokoje, koupelnu a toaletu.
마메 모데르니 꾸힌 드바 뽀꼬예 꼬우뻴누 아 또알레뚜

Poslední malá místnost slouží jako knihovna.
뽀슬레드니 말라 미스뜨노스뜨 슬로우쥐 야꼬 끄니호브나

Blízko našeho domu je pěkný park.
블리스꼬 나쉐호 도무 예 삐예끄니 빠르끄

Velmi se mi tam líbí.
벨미 쎄 미 땀 리비

우리는 프라하 8구역에 살고 있습니다.
큰 우리집은 쟈블리쩨라는 현대식 아파트 단지에 위치합니다.
우리 아파트로부터 라드비 지하철 역까지는 3분 밖에 걸리지 않습니다.
최근에 세 개의 새 지하철 역이 문을 열었습니다.
우리는 현대식 부엌과 두 개의 침실, 욕실 그리고 화장실이 있습니다.
마지막 작은 방은 서재로 사용됩니다.
우리 집 근처에는 예쁜 공원이 있습니다 .
그 곳이 아주 제 마음에 듭니다.

단어와 숙어 익히기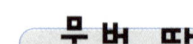

- byt   아파트(M)
- bydlíme   살다.
- nachází se   ~에 위치한다.
- moderní   현대의, 현대식의
- sídliště   아파트 단지(N)
- Ďáblice   지역 명칭(고유명사)
- jenom   단지
- stanice   역(F)
- Ládví   역이름(고유명사)
- otevřeli   문을 열었다.
- koupelna   욕실(F)
- toaleta   화장실(F)
- poslední   마지막의
- místnost   장소(F)
- slouží   ~의 용도로 쓰이다.
- knihovna   도서관, 서재(F)
- líbí se   ~의 마음에 들다.

문법 따라잡기

1. 동사의 과거형

체코어의 과거시제는 하나이다. 원형의 표시인 −t를 떼어 내고 그 자리에 −l, −la, −lo, −li, −ly를 붙여서 만든다.

동사의 과거형					
단수			복수		
남성	여성	중성	남성	여성	중성
−l	−la	−lo	−li	−ly	−ly

1. být동사의 과거(~였다, ~있었다)

být동사의 과거형 + být동사의 현재형을 조합하여 만든다.

		남성	여성	중성
단수	1인칭 2인칭 3인칭	byl jsem byl jsi byl	byla jsem byla jsi byla	 bylo
복수	1인칭 2인칭 3인칭	byli jsme byli jste byli	byly jsme byly jste byly	byla jsme byla jste byla

예문

Byl jsem včera večer doma. 나는 어제 저녁에 집에 있었다.

Jana byla nemocná. 야나는 아팠다.

Jana a Petr byli v kině. 야나와 뻬뜨르는 극장에 있었다.

Byly dvě hodiny. 2시였다.

Na ulici byla dvě auta. 거리에 두 대의 자동차가 있었다.

Byl jste tam? 당신은 거기에 계셨습니까?

Byla jsi tam? 너는 거기에 있었니?

Co to bylo? 그것이 무엇이었지?

Kdo to byl? 그 사람이 누구였지?

2. 일반동사의 과거

일반동사의 과거형 + být동사 현재형을 조합하여 만든다.

❍ 동사의 과거형

–at	–al	čekat / čekal
–át	–al	psát / psal
–it	–il	koupit / koupil
–ít	–il	pít / pil
–et	–el	myslet / myslel
–ovat	–oval	studovat / studoval
–át	–ál	stát / stál, bát se / bál se, smát se / smál se, hrát / hrál

❍ 불규칙 변화

–ít	–el	jít / šel, mít /měl, chtít /chtěl, otevřít / otevřel, umřít / umřel
–st	–tl, –dl	číst / četl, jíst / jedl, sníst / snědl
–ct	–kl, –hl	říct /řekl, moct / mohl, pomoct / pomohl
–nout	–l(–nul)	obléknout / oblékl,obléknul, prohlédnout / prohlédl, prohlédnul
–menout	–mněl(–menul)	zapomenout / zapomněl, zapomenul

예문

Vrátil jsem se včera. 나는 어제 돌아왔다.

Napsal jsi domácí úkol? 숙제를 했니?

Bratr studoval v Americe. 형은 미국에서 공부했어요.

Pracovali jsme celý den. 우리는 하루 종일 일했어요.

Proč jste nám nic neřekli?

왜 우리에게 아무 것도 이야기하지 않았습니까?

Pamatovali si to dobře. 그들이 그것을 잘 기억하고 있었다.

3. být동사(보조동사), si(se), to와 인칭대명사의 어순

　체코어의 비교적 자유로운 어순에 비해 위 단어들이 혼재해 있으면 다음과 같은 어순을 따른다.

예문 **být**(문장의 두 번째 위치)＋si(se)＋대명사 여격＋대명사 대격

Četl jsem si to včera. 나는 어제 그것을 읽었다.
Telefonovali jste mi včera? 당신에 어제 네게 전화하셨습니까?
Zapomněl jsem mu to dát. 그에게 그것을 주는 것을 잊어버렸다.

◑ 과거시제 문장에서 být동사의 2인칭 단수 변화형과 재귀대명사 si, se가 같이 오면 다음처럼 축약된다(jsi + si = sis, jsi + se = ses).

2. 명사 복수 대격

다음은 14 대표명사의 복수 대격 형태이다.

남성		여성		중성	
단수주격	복수대격	단수주격	복수대격	단수주격	복수대격
pán	pán-y	žena	žen-y	město	měst-a
muž	muž-e	růže	růže	moře	moře
předseda	předsed-y	kost	kost-i	stavení	stavení
soudce	soudc-e	píseň	písn-ě	kuře	kuř-at-a
hrad	hrad-y				
stroj	stroj-e				

3. 형용사, 지시대명사, 소유대명사의 복수 대격

		남성	여성	중성
대격		ten můj mladý	ta moje / má mladá	to moje / mé mladé
복수대격	경변화	ty moje / mé mladé tvoje / tvé naše, vaše	ty moje / mé mladé tvoje / tvé naše, vaše	ta moje / má mladá tvoje / tvá naše, vaše
	연변화	ty　　moderní	ty　　moderní	ta　　moderní

○ jeho, její, jejich는 그 형태가 변화하지 않는다.

예문

Pozval jsem cizí profesory do kavárny.
나는 커피숍으로 외국 교수님들을 초대했습니다.
Informali jsme o tom studenty.
우리는 그것에 대해 학생들에게 알렸습니다.
Čekám na tvoje přátele. 나는 네 친구들을 기다린다.
Potřebuji dva nové stoly. 나는 두 개의 새 책상이 필요합니다.
Nemám rád drahé hotcly. 나는 비싼 호텔들을 좋아하지 않습니다.
Mám rád dětské knížky. 나는 어린이 책을 좋아합니다.
Koupil dvě moderní tašky. 그는 두 개의 신식 가방을 샀습니다.
Brno koupilo nové tramvaje. 브르노시는 새 전차를 구매했습니다.
Náš byt má čtyři malé místnosti. 우리 아파트는 작은 방이 네 개입니다.
Chceme dvě kávy a ty malé zákusky.
우리는 커피 두 잔과 그 작은 과자를 원합니다.
Zajímáš se o auta? 너는 자동차에 대해 관심이 있니?
Navštívili jsme naše historická města.
우리는 우리의 역사적 도시들을 방문했습니다.

4. nacházet se(~에 위치하다)

예문

Kde se nachází Národní muzeum? (=Kde je Národní muzeum?)
어디에 국립 박물관이 있습니까?
Na kraji Prahy se nacházejí velká obchodní centra.
(=Na kraji Prahy jsou velká obchodní centra.)
프라하 근교에는 큰 무역 센터들이 있습니다.
Krkonoše se nacházejí na severu republiky.
(=Krkonoše jsou na severu republiky.)
끄르꼬노쉐(산맥)은 공화국 북쪽에 있습니다.

5. sloužit (~에게 시중들다, ~의 용도로 쓰이다.)

예문

Já ti nebudu sloužit. 나는 네 시중을 들지 않을 것이다.
Školní dvůr slouží jako hřiště. 학교 마당은 운동장으로 쓰인다.
K čemu vám to slouží? 그것은 네게 어떤 용도로 쓰이니?
Slouží mi to k odpočinku. 그것은 내게 휴식 용도로 쓰인다.

3 단계

표 현 따 라 하 기

• 체코어의 호격

다음과 같은 호격의 형태는 남성명사와 여성명사 단수에서 적용된다. 각 명사
가 어떠한 자음 혹은 모음으로 끝나느냐에 따라 다음과 같이 분류할 수 있다.

남성	경자음 혹은 중립자음	-e	Pane! Filipe! Martine!
	연자음 혹은 중립자음	-i	Tomáši! Lukáši! Matěji!
	자음 g, h, ch, k로 끝나는	-u	Mirku! Pane Čechu! Františku!
	-a로 끝나는	-o	Kolego! Honzo! Kubo!
여성	-a로 끝나는	-o	Slečno! Jano! Dano!
	-e로 끝나는	-e	Marie! Lucie! Valerie!
	-ová로 끝나는	-ová	Paní Dvořáková! Paní Čechová!

⮕ -tr, -dr, -ec로 끝나는 명사들의 특수 변화

  Petr Petře!   Alexandr Alexandře!   chlapec chlapče!

⮕ -r, -y로 끝나는 여성명사는 호격에서 변화하지 않는다.

예문

Jennifer! Mary!

○ 복수 호격은 복수 주격이 대신한다.

vážené dámy!, vážení pánové!, milé kolegyně!, milí kolegové!,
milé děti!

4 단계

 체 코 어 로 말 하 기

회화 1

• Ahoj, Michale! 안녕, 미하엘!
 아호이   미할레

• Ahoj, Tomáši, co jsi dělal včera večer? 안녕, 또마슈 어제 저녁에 뭐했어?
 아호이   또마쉬   쪼 씨 젤랄   프췌라 베췌르

• Díval jsem se na televizi a na programu byl hokejový zápas.
 지발   쎔 쎄 나 뗄레비지 아 나   쁘로그라무 빌   호께요비   자빠스
 TV 봤는데 하키게임 중계를 했어.

• Škoda, že jsem o tom nevěděl. 아쉽게도 난 몰랐네.
 슈꼬다   줴 쎔 오 똠   네비예젤

회화 2

• Maminko, můžu dostat peníze? Potřebuju nové sešity pro školu.
 마밍꼬   무쥬   도스땃   뻬니제   뽀트르제부유   노베 쎄쉬띠 쁘로 슈꼴루
 엄마, 돈 주실 수 있으세요? 학교에 가져갈 새 공책이 필요해요.

• Dobře, tady máš 200 korun. Potřebuješ ještě jiné věci?
 도브르제   따디 마쉬 드비예쎗 꼬룬   뽀트르제부예슈 예슈쩨 이네 비예찌
 그래, 여기 200꼬루나 있다. 더 필요한 것 있니?

• Zatím ne, děkuju. 지금은 없어요. 고마워요.
 자찜 네   제꾸유

회화 3

• Mám pro tebe dárek. Doufám, že se ti bude líbit.
　맘　쁘로 떼베　다렉　　도우팜　줴 쎄 찌 부데　리빗
네게 줄 선물이 있어. 마음에 들길 바래.

• To jsou krásné hodinky! Děkuju. 예쁜 시계네! 고마워.
　또　쏘우 끄라스네　호징끼　쩨꾸유

5 단계

함께 연습하기

1. 다음 괄호 안의 단어들을 복수 대격 형태로 고치세요.

1) Potřebuju dva (obraz, slovník, oběd, lístek, dárek, chlebíček, čaj)
2) Potřebuju dvě (kniha, jízdenka, květina, mapa, židle, učebnice)
3) Koupím dva (nový dům, velký obchod, známý hotel, supermarket)
4) Vidím dvě (červená tramvaj, moderní škola, stará věž)

2. 다음 문장들을 과거로 만드세요.

1) Čekám na tebe už dlouho(남성).
2) Mám z tebe velkou radost(여성).
3) Bydlím v malém pokoji(남성).
4) Pije bílé víno každý večer(여성).
5) Marie fotografuje krásné domy.
6) Líbí se mi Praha.
7) Kupujeme často knihy(여성복수).

3. 다음을 체코어로 옮기세요.

1) 나는 학교에 있었다
2) 나는 오후에 집으로 돌아갔다.
3) 우리는 프라하를 방문했습니다.
4) 그 방은 거실로 사용된다.
5) 우리 대학은 용인에 있습니다.

• 로마네스크와 고딕 양식으로 시작된 프라하의 건축

10세기에 이미 프라하성의 건축물들로 시작된 체코의 로마네스크 건축은 당시로서는 상당히 높은 수준을 자랑하였다. 대표적인 바실리카 양식의 장방형 교회가 프라하성의 이르지(Sv.Jiří)교회인데, 2개의 하얀 뾰족탑은 오늘날도 프라하성의 윤곽을 수놓고 있다. 지붕이 둥근 원형의 로마네스크 로툰다(rotunda)로는 비셰흐라트 성곽 입구에 있는 성 마르틴 로툰다를 비롯하여 프라하에 있는 4개의 로툰다와 프라하 북쪽에서 좀 떨어진 보헤미아의 전설이 담긴 르지프(Říp)의 로툰다가 유명하였다.

고딕(Gothic)이란 무엇인가? 이는 대게 기도할 때 하늘을 향해 맞잡고 있는 양손의 뾰족한 아치 모습, 즉 중세의 신비주의 분위기를 자아내는 성당의 탑을 상징하는 건축양식을 말한다고 한다. 고딕 양식은 12~14세기에 그 전성기를 맞이하였으며 체코에는 13세기에 전해졌다.

고딕문화는 중세 기독교사회의 철학적, 신학적 사상을 포함한다. 성당의 서쪽 문의 뾰족 아치는 신을 향해 기도하고 있는 두 손의 모습을 떠올리게 하는 고딕 양식의 또 다른 특징으로서, 이 또한 하늘나라를 향한 중세인들의 갈구를 표현하고 있다.

프라하의 고딕 양식 건축물은 후대까지 잘 보존되어 이용되는 것이 특이하다. 뾰족탑의 아치는 체코 고대문화의 전성기라 할 수 있는 카렐 4세 시대에 번창했다. 고딕시대는 때때로 "대성당의 시대"라고 불린다. 물론 대성당 외에도 작은 성당과 예배당(채플 같은 작은 교회), 수도원 등의 교회 관련 건축물과 세속적인 건물인 중세의 성곽, 일반주택, 시청, 다리, 탑문 등이 있지만, 고딕식 성당들은 그 거대함과 수많은 장식들로 오늘날까지도 방문객들을 경탄케 한다. 세계적으로 유명한 것으로는 프랑스 Remeš(Rheims)에 있는 성당과 파리의 노트르담(Notre-Dame) 성당, 영국 캔터베리에 있는 성당 등이 있고, 필자가 보고 경탄과 찬탄을 금치 못한 것 중에는 프랑스 스트라스부르(Strasbourg)의 대성당과 런던의 웨스트민스터 사원, 독일 쾰른의 대성당, 오스트리아 빈의 스테판성당, 부다페스트의 마챠스성당, 프라하의 성 비트성당 등이 있다. 체코 국내의 예술적 전통은 프랑스, 독일(건축과 조각) 그리고 이탈리아(무엇보다도 회화)로부터 영향을 받아 다양해졌다. 체코의 비트성당은 고딕 양식으로서 규모가 제일 크지는 않으나 내부의 예술적 치장은 세계 최고를 자랑한다.

• 고딕 건축물의 백미

성 마르틴 로툰다

프라하성에 있는 성 비트성당(Katedrála sv. Víta, 라틴어 Vitus)은 1344~1385년에 건설된 고딕 양식의 건축물이다. 프라하에 있는 가장 유명한 고딕 양식의 다리는 카렐다리(Karlův most)이고, 수도원으로는 성 아네슈카수도원(Klašter sv. Anežky)이 가장 건축은 보헤미아의 성녀 아네슈카와 그녀의 어머니이며 왕비인 콘스탄찌 덕택에 중부유럽에서는 프라하에 제일 먼저 소개되었다. 현재 이 수도원은 19세기 체코 미술관으로 사용되고 있다. 또한 13세기에 세워진 프라하 구시가지에 있는 알트네우(Altneu) 유대인예배당(시나고그)은 유럽에서 가장 오래된 고딕 양식의 유대인 교회이다. 14세기 후반 프라하 구시가지 굉징에 '쯩딥에서'라는 독특한 탑이 달린 귀족의 건물이 건축되었다. 프라하에서 가장 높은 교회 본당을 가진 '흰 눈 속의 성모마리아교회'와 '카를로프교회'는 전형적인 고딕 건축물이다. 야겔로 왕조 시대에 고딕 양식의 건물은 최후의 절정에 달하여 프라하의 '화약고 탑문'과 프라하성의 '블라디슬라프 홀'이 지어졌다.

7 Cestujeme letadlem.

우리는 비행기로 여행합니다.

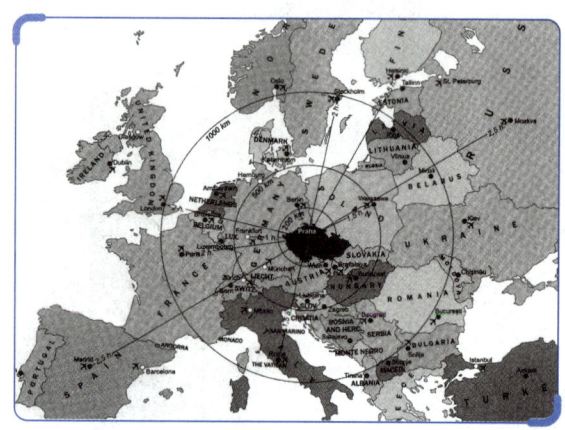

Letošní dovolenou chceme strávit v cizině.
레또슈니 도볼레노우 흐쩨메 스뜨라빗 프 찌지녜

Myslíme, že cesta letadlem do Londýna bude zajímavá.
미슬림 줴 쩨스따 레따들렘 도 론디나 부데 자이마바

Letadlem tam budeme rychleji než vlakem nebo autobusem.
레따들렘 땀 부데메 리흘레이 네슈 블락껨 네보 아우또부쎔

Musíme si předem koupit letenky.
무씨메 씨 프르제뎀 꼬우삣 레뗑끼

Dnes je už můžeme objednat přes internet.
드네스 예 우슈 무줴메 오브예드낫 프르제스 인떼르넷

Budeme cestovat spolu s přítelem mého syna.
부데메 쩨스또밧 스뽈루 스 프르지뗄렘 메호 씨나

Podíváme se i mimo Londýn.
뽀지바메 쎄 이 미모 론딘

우리는 금년 휴가를 외국에서 보내고 싶습니다.
비행기를 타고 런던에 가는 여행이 흥미로운 목표가 되지 않을까 생각됩니다.
비행기로는 자동차나 버스를 타고 가는 것보다 시간이 짧게 걸립니다.
먼저 비행기표를 구해야 합니다.
요즘에는 인터넷을 통해 예약을 할 수 있습니다.
내 아들의 친구과 함께 여행을 할 것입니다.
런던 외에 다른 곳도 볼 것입니다.

단어와 숙어 익히기

• cestujeme	여행하다.
• letadlem	비행기(letadlo, N)
• letošní	금년의
• dovolenou	휴가(dovolená, F)
• strávit	보내다.
• cizině	외국(cizina, F)
• atraktivním	흥미로운
• cílem	목표(cíl, M)
• trvá	걸리다.
• předem	먼저
• podíváme se	구경하다.
• mimo	~제외하고

문법 따라잡기

1. 명사 조격(단수)

조격은 행위를 수행하는 방법이나 수단, 도구를 표현할 때 사용하며 행위를 같이 수행하는 사람을 표현할 때도 전치사 s와 함께 조격을 사용한다. 이 밖에 조격을 취하는 동사 혹은 전치사가 올 때 사용된다. 다음은 14대표명사들의 단수 조격 변화이다.

남성		여성		중성	
주격	조격	주격	조격	주격	조격
pán	pán–em	žena	žen–ou	město	měst–em
muž	muž–em	růže	růž–í	moře	moř–em

předseda	předsed-ou	kost	kost-í	stavení	staven-ím
soudce	soudc-em	píseň	písn-í	kuře	kuř-et-em
hrad	hrad-em				
stroj	stroj-em				

1. 행위의 도구로 쓰인 예

Píšu tužkou a perem. 나는 연필과 펜으로 쓴다.
Jím příborem. 나는 포크와 칼로 먹는다.
Myju se teplou vodou. 나는 따뜻한 물로 씻는다.

2. 행위의 방법, 수단으로 쓰인 예

Jedu metrem ke kamarádovi.
나는 친구 집에 지하철을 타고 간다.
Pojedu vlakem do Prahy.
나는 프라하에 기차를 타고 갈 것이다.
Nepojedu tramvají, ale půjdu pěšky.
나는 전차를 타고 가지 않고 걸어서 간다.

3. 전치사 s(~와 함께, ~을 넣은, ~을 가진)같이 쓰인 예

Do kina půjdu s Alenou. 나는 알레나와 극장에 갈 것이다.
Pojedu s přítelkyní. 나는 친구와 갈 것이다.
Jedeš sám, nebo s přítelem? 혼자 가니 아니면 친구와 가니?
Dám si kávu s mlékem. 나는 밀크를 넣은 커피를 마시겠다.
Vidíš tu ženu s červenou taškou? 빨간색 가방을 든 여자가 보이니?

4. 조격을 받는 대표 전치사들과 그 예

nad (~위에)	Plukovník je nad majorem. 대령은 소령보다 위에 있다. Mapa visí nad stolem. 지도가 책상 위에 걸려 있다.
pod (~밑에)	Petr sedí pod stromem. 뻬뜨르는 나무 밑에 앉아 있다. Teplota byla pod nulou. 온도가 0도 이하였다.

před (～앞에) (～전에)	Jana čeká na maminku před domem. 야나는 집 앞에서 엄마를 기다린다. Autobus zastavil před nádražím. 버스는 터미널 앞에서 멈추었다. Byl tady před hodinou. 그가 한 시간 전에 여기 있었다.
za (～뒤에)	Za stolem seděli dva chlapci. 책상 뒤에 두 명의 소년들이 앉아있었다.
mezi (～사이에)	Mezi Soulem a Busanem jezdí vlak. 기차가 서울과 부산 사이를 다닌다. Říká se to mezi studenty. 학생들 사이에 하는 이야기이다.

2. 체코어 조동사의 활용 chtít, muset, moct, smět, umět, dovést

체코어의 조동사 뒤에는 동사원형이 온다.

chtít (～하고 싶다)	chci chceš chce	chceme chcete chtějí	chtěl	Chci jít domů, jsem unavená. 나는 집에 가고 싶다. 피곤하나. Chcete jít taky do kina? 당신도 극장에 가고 싶습니까? Nechci se vrátit. 나는 돌아가기 싫다.
moct / m oci (～할 수 있다)	můžu můžeš může	můžeme můžete můžou	mohl	Můžeš mi ukázat tu knihu? 내게 그 책을 보여줄 수 있니? Můžeš se vrátit domů v sedm? 집에 7시에 돌아올 수 있니? Nemůžu jet do Prahy. 나는 프라하에 갈 수 없다.
musit / muset (～해야 한다)	musím musíš musí	musíme musíte musí	musel	Musím už odejít, nemám čas. 나는 떠나야 한다. 시간이 없다. Musím si koupit jízdenku. 나는 표를 사야 한다. Nemusím dělat nic. 나는 아무 것도 할 필요가 없다.

smět (~해도 좋다)	smím smíš smí	smíme smíte smějí	směl	Smím tady kouřit? 내가 여기서 담배 피워도 될까요? Ne, tady nesmíte kouřit. 아니오, 여기서 피워서는 안됩니다. Smím jít dovnitř? 제가 안으로 들어가도 될까요?
umět (~할 줄 알다)	umím umíš umí	umíme umíte umějí	uměl	Umíš hrát tenis? 테니스 할 줄 아니? Umíte francouzsky? 불어를 하실 줄 아십니까? Tomáš neumí dobře anglicky. 토마슈는 영어를 잘 하지 못한다.
dovést (~할 줄 알다)	dovedu dovedeme dovedeš dovedete dovede dovedou		dovedl	Nedovedu si to představit. 나는 그것을 상상할 수가 없다.

* 위의 조동사들은 명령형이 없다.
* 조동사들을 부정으로 만들면 그 뜻이 달라지는 예들에 유의한다.

3. 소유형용사

소유관계를 표현할 때 생격 이외에도 체코어는 특수한 소유형용사 형태를 쓴다. 명사와 형용사 변화를 부분적으로 따르는 복합 격변화를 한다. 즉 단수에서는 조격(형용사 격변화)를 제외한 모든 격이 명사 변화를 따르고 복수 격변화는 주격과 대격을 제외한 모든 격이 형용화 경변화형을 따른다. 남성 소유형용사는 남성명사 + ův, ova, ovo로 여성 소유형용사는 여성명사 + in, ina, ino로 만들어진다.

	남성	여성	중성
남성 소유형용사 주격	otcův dům 아버지의 집	otcova kniha 아버지의 책	otcovo auto 아버지의 자동차
여성 소유형용사 주격	matčin dům 어머니의 집	matčina kniha 어머니의 책	matčino auto 어머니의 자동차

* 자세한 격변화는 문법 편람 도표를 참조한다.

Ten nový matčin kabát je pěkný. 그 어머니의 새 외투는 예쁘다.

To je bratrova dívka. 그 사람은 형의 여자 친구이다.

Otcovo auto je rozbité. 아버지의 자동차가 망가졌다.

Slyšeli jste o sestřině úspěchu? 당신은 누이의 성공에 대해 들었습니까?

Píšu dopis kamarádově matce. 나는 친구 어머니께 편지를 쓴다.

Jdu s manželovým kabátem do čistírny.
나는 남편의 외투를 가지고 세탁소에 간다.

4. 부사의 비교급과 최상급을 만드는 과정은 형용사와 비슷하다.

이 때 자음 변화 규칙은 그대로 유지된다.

	원급		비교급	최상급
–eji / –ěji	rychle	빠르게	rychleji	nejrychleji
	pomalu	늦게	pomaleji	ncjpomaleji
	tepl	따뜻하게	tepleji	nejtepleji
	chladno	춥게	chladněji	nejchladnčji
	rád	기꺼이	raději	nejraději
–e / –ě	málo	조금	méně	nejméně
	hodně	많이	víc(e)	nejvíc(e)
	dobře	잘	lépe	nejlépe
	špatně	나쁘게	hůř(e)	nejhůř(e)
	brzo, brzy	빠르게	dřív(e)	nejdřív(e)
	dlouho	길게	déle	nejdéle
	daleko	멀리	dál(e)	nejdál(e)

Jeho auto může jet rychleji než moje.

그의 자동차가 나의 자동차보다 더 빨리 갈 수 있다.

Je tady tepleji než u nás doma. 여기가 우리 집보다 더 따뜻하다.

Oni to znají lépe než já. 그들은 나보다 그것을 더 잘 안다.

Vyděláte víc než my. 당신은 우리보다 더 많이 (돈을) 버십니다.

Nejméně rozumím já. 내가 가장 조금 이해한다.

표 현 따 라 하 기

Který den je dnes? 오늘이 무슨 요일이지요?
Dnes je pondělí.   오늘은 월요일입니다.
      úterý.   오늘은 화요일입니다.
      středa.   오늘은 수요일입니다.
      čtvrtek.   오늘은 목요일입니다.
      pátek.   오늘은 금요일입니다.
      sobota.   오늘은 토요일입니다.
      neděle.   오늘은 일요일입니다.

* Kdy?(언제요?)에 대한 대답은 v pondělí(월요일에), v úterý(화요일에), ve středu (수요일에), ve čtvrtek(목요일에), v pátek(금요일에), v sobotu(토요일에), v neděli (일요일에)로 한다.

체 코 어 로 말 하 기

회화 1

• Blíží se sobota. 토요일이 다가오네.
  블리쥐 쎄 쏘보따

• Rádi bychom šli s manželkou na koncert do Rudolfina.
  라지 비홈 슐리 스 만췔꼬우 나 꼰쩨르뜨 도 루돌피나
부인과 루돌피눔 콘서트장에 갈까 합니다.

• Jak tam pojedete? 거기에 어떻게 가세요?
  약 땀 뽀예데떼

• Můžeme jet autobusem ke stanici metra a potom metrem linkou A.
  무줴메 옛 아우또부쎔 께 스따니찌 메뜨라 아 뽀똠 메뜨렘 링꼬우 아
우리는 지하철역까지 버스를 타고 가서 그 다음에 지하철 A선을 타고 갈 수 있습니다.

• Rád bych si koupil zimní kabát. Ale potřebuju na to víc peněz než
랏　비흐　씨　꼬우삘　짐니　까밧　알레　뽀트르제부유　나　또　비쯔　뻬니예스　네슈

ted' mám.
떼쯔　맘

겨울 코트를 사고 싶은데 지금 갖고 있는 것보다 돈이 더 필요해.

• Myslíš, že já jsem na tom líp? Nejsem, jsem na tom hůř.
미슬리슈　줴　야　쎔　나　똠　립　네이쎔　쎔　나　똠　후슈

내가 더 나을 거라 생각하니? 아니야. 내 상황이 더 좋지 않아.

• V peněžence mám míň peněz než včera.
프　뻬니예젠쩨　맘　민　뻬니예스　네슈　프췌라

지갑에 어제보다 돈이 더 적게 있어.

회화 3

• Nechceš na jedno pivo do hospody?
네흐쎄슈　나　예느노　삐보　노　호스뽀디

맥주 한 잔 마시러 술집에 가지 않을래?

• Ted' nemůžu, musím doma počkat na manželku.
떼쯔　네무쥬　무씸　도마　뽀츄깟　나　만췔꾸

지금은 안 돼. 집에서 아내를 기다려야 해.

• Přátelé nás pozvali na návštěvu. 친구들이 우리를 초대했거든.
프르자뗄레　나스　뽀즈발리　나　나프슈쩨부

5 단계

함께 연습하기

1. 다음 괄호 안의 단어들을 조격 형태로 고치세요.

1) Na návštěvu přišel Tomáš se (svá sestra).
2) Před (náš dům) stojí nějaké auto.
3) Park začíná hned za (Národní divadlo).
4) Umyl jsem se (studená voda).

2. 괄호 안에 알맞은 형태의 조동사를 써넣으세요.

  1) (   ) jít pěšky, autobus už nejede.
  2) (   ) tady kouřit? Ne, tady (   ) kouřit.
  3) (   ) něco v obchodě? Ne, děkuji, nechci nic.
  4) Jak dobře (   ) česky? Docela dobře.

3. 다음 괄호 안에 알맞은 부사 최상급을 써넣으세요.

  1) (Dobře) z naší rodiny hraje tenis můj syn.
  2) (Málo) se mi líbí tenhle obraz,
  3) (Chladno) u nás v kuchyni je.
  4) (Rychle) píše moje sekretářka.

4. 다음 문장을 체코어로 옮기세요.

  1) 나는 비엔나에 비행기를 타고 갈 것이다.
  2) 오늘은 밖에 나가고 싶지 않다. 피곤하다.
  3) 나는 일요일에 파티에 갈 수 없다. 교회에 가야 한다.
  4) 너는 더 따뜻하게 옷을 입어야 한다.

체코 문화와의 만남

• 오를로이 천문시계

구시가지 광장에서 그 위용을 자랑하는 '구시청사 탑'은 고딕 양식의 표본이다. 오를로(Orloj) 천문시계는 유럽에서 제일 아름다운 벽시계로 수많은 이야깃거리를 가지고 전 세계 여행자들의 눈길을 끈다. 1490년에 하누쉬(Hanus)란 시계공이 프라하시의 요청으로 구시청 청사 남쪽 벽에 오를로이 천문시계를 만들기 시작했다. 전설에 의하면 시장 혹은 시위원들이 그 시계공에게 후한 보답을 한 후 다른 도시에 더 아름다운 시계를 만들지 못하도록 시계공의 두 눈을 멀게 했다고 한다. 그런데 그 시계공이 죽을 무렵에 비록 자기가 만든 시계를 눈이 멀어 보지는 못하지만 만져보기라도 하는 것이 마지막 소원이라고 하여 소원대로 시계를 만져보게

오를로이 천문시계

하였는데, 그 순간부터 시계가 작동을 그만두었다고 한다(러시아 모스크바에 있는 성 바실리성당에도 비슷한 일화가 있음). 시계가 다시 작동하게 된 것은 그로부터 약 1세기가 지난 후로, 새로운 시계공이 그 원리를 연구하여 수리하고 나서야 오늘날과 같이 작동하게 되었다고 한다.

실제로 오를로이 천문시계는 1572년에 얀 타보르스키라는 유명한 시계공이 완성하였다. 매 정시가 되면 시계탑 앞에 수백 명의 관광객이 머리를 들고 시계의 신비한 작동을 바라보는 광경 자체가 큰 눈요기 거리인데, 신비로움과 아름다움에 대한 인간의 호기심을 목격할 수 있다. 찬탄의 목소리와 함께 카메라 셔터를 누르는 소리가 수없이 들리는 가운데, 시계의 중간 부분에 조각된 해골(죽음을 상징하는 알레고리)이 자신의 오른손에 감긴 줄을 당기면서 왼손으로는 모래시계를 들어 올려 뒤집는다. 그러면 시계의 맨 위에 있는 두 개의 작은 창문이 열리고 시계태엽에 해당되는 예수의 11명의 사도와 성 바울이 성 베드로를 따라 고개를 돌리며 천천히 움직이기 시작한다. 이러한 행렬이 끝나면 작은 창이 닫히고 시계 위쪽에 조각된 황금색 수탉이 홰를 치고 우는데, 이때 시계는 벨을 울려 실제의 시간을 알려준다. 그 와중에 모슬렘을 대표하며 투르크인을 상징하는 조각상이 고개를 좌우로 흔들어 동의하지 않는다는 모습을 보인다. '허무'를 상징하는 알레고리 조각상은 거울을 보고 시난 세월을 회고하고, 고리 대금업자의 모습을 본떠 만든 탐욕을 상징하는 유대인의 알레고리상이 움직인다. 이 시계 내부의 움직임은 프라하 구시청 탑가 시청이 역사박물관에서 관찰할 수 있는데, 마치 단테의 신곡에 표현된 것처럼 지구 중심으로 천체가 움직인다는 중세 말 인간의 우주관을 반영하고 있다.

이 시계는 시각을 알리기 위한 것이라기보다, 당시에 농사를 기본으로 하던 인간들이 지구를 중심으로 도는 태양과 달의 궤도를 모방하여 천체의 움직임을 알기 위해 만들어졌다. 그러므로 이 시계는 복잡한 구조로 되어 있는데, 시를 가리키는 시계 바늘은 세 가지 종류의 시각을 나타낸다. 중세 아라비아 숫자로 된 시계 원이 나타내는 시간은 보헤미아(체코)식 시각으로서 태양의 움직임에 따라 측정되는 해시계에 해당된다(우리나라 세종대왕시절의 해시계에 해당된다고나 할까). 로마숫자로 된 시계 원이 나타내는 시각은 오늘날 우리 사회에서 통용되는 시간을 보여준다. 그리고 소위 바빌로니아식 시각에서 해가 비치는 시간은 기본적으로 12시간으로 나눠지며 그 길이는 계절에 따라 달라지는데, 숫자 판의 파란색 부분은 낮을 상징하는 하늘로서 12부분으로 구분되어 있다. 또한 이 천문시계는 16세기 프라하에서 매우 중요시되었던 황도 12궁을 통해 해와 달의 움직임을 보여줄 뿐만 아니라, 당시 체코인들의 우주관이 표현된 멋진 실용 작품이자 예술 작품이다. 이와 비슷한 스타일의 웅장한 천문시계는 체코 동부의 문화 도시 올로모쯔와 프랑스의 남동쪽 알자스지방에 있는 스트라스부르의 대성당 안에서도 볼 수 있다. 서울 홍대 앞에 체코선술집 "캐슬 프라하"에 가면 이와 유사한 건물과 시계를 볼 수 있다.

8

Večeříme v restauraci.
우리는 레스토랑에서 저녁을 먹습니다.

Dnes jsme se rozhodli, že budeme večeřet v restauraci.
드네스 스메 쎄 로즈호들리 줴 부데메 베췌르젯 브 레스따우라찌

Objednali jsme dva stoly pro 10 lidí.
오브예드날리 스메 드바 스똘리 쁘로 데쎗 리지

Když jsme tam přišli, na stolech už bylo všechno připraveno.
그디쉬 스메 땀 프르지쉴리 나 스똘레흐 우슈 빌로 프쉐흐노 프르지쁘라베노

Objednali jsme si 5 řízků a 5 svíčkových.
오브예드날리 스메 씨 삐옛 지스꾸 아 삐옛 스비취꼬비흐

K pití jsme si dali šest piv a čtyři sklenice vína.
끄 삐찌 스메 씨 달리 쉐스뜨 삐프 아 츄띠르지 스끌레니쩨 비나

Po několika minutách začala hrát místní malá kapela.
뽀 녜꼴릭까 미누따흐 자촬라 흐랏 미스뜨니 말라 까뻴라

Zahráli několik populárních písniček.
자흐랄리 녜꼴릭 뽀뿔라르니흐 삐스니췍

Mezitím jsme si povídali o novinkách v našich rodinách.
메지찜 스메 씨 뽀비달리 오 노빙까흐 브 나쉬흐 로지나흐

오늘 우리는 레스토랑에서 저녁을 먹자고 결정했습니다.
열 사람을 위한 테이블 두 개를 예약했습니다.
우리가 그 곳에 도착했을 때 테이블이 이미 준비되어 있었습니다.
우리는 5개의 스테이크와 5개의 등심요리를 주문했습니다.
마실 것으로는 6개의 맥주와 4개의 포도주를 시켰습니다.
몇 분 뒤에 작은 로컬밴드가 음악을 연주하기 시작했습니다.
몇몇 인기 있는 노래들을 연주했습니다.
그 동안 우리는 우리 가족들의 근황에 대해 이야기했습니다.

단어와 숙어 익히기

• večeřit	저녁을 먹다.
• rozhodli se	결정했다.
• objednali	주문했다.
• řízků	스테이크(M, řízek)
• svíčkových	안심요리(svíčková)
• sklenice	유리잔(F)
• místní	지역의, 로컬의
• kapela	밴드(F)
• zahráli	연주했다.
• mezitím	그동안
• povídali si	이야기했다

문법 따라잡기

1. 명사 생격(복수)

다음은 14 대표명사의 복수 생격 변화이다.

남성		여성		중성	
단수주격	복수생격	단수주격	복수생격	단수주격	복수생격
pán	pán-ů	žena	žen	město	měst
muž	muž-ů	růže	růž-í	moře	moř-í
předseda	předsed-ů	kost	kost-í	stavení	stavení
soudce	soudc-ů	píseň	písn-í	kuře	kuř-at
hrad	hrad-ů				
stroj	stroj-ů				

체코어 남성명사의 복수 생격은 특수한 예를 제외하고는 모두 −ů로 끝나며 여성명사는 žena 타입의 명사들을 제외하면 대부분 −í로 끝난다. 명사의 복수 생격 중 žena 타입의 여성명사와 město 타입의 중성명사의 복수 생격 변화를 좀 더 자세히 살펴본다. 이러한 일반적인 규칙을 학습하는 것 외에도 항상 사전을 참조하는 것이 가장 올바른 생격의 형태를 쓸 수 있는 방법이다.

여성명사 žena 타입의 복수 생격	중성명사 město 타입의 복수 생격
모음 −a만 탈락하는 예 koruna − korun hodina − hodin kniha − knih	모음 −o만 탈락하는 예 pero − per auto − aut dřevo − dřev
모음 −a가 탈락하고 앞에 모음이 첨가되는 예 studentka − studentek dívka − dívek tužka − tužek	모음 −o가 탈락하고 앞에 모음이 첨가되는 예 divadlo − divadel okno − oken

1. 주의해야 할 특수한 생격들의 예

   přátelé − přátel
   obyvatelé − obyvatel
   peníze − peněz
   tisíce − tisíc
   roky − let
   dny − dní, dnů
   lidi − lidí

2. růže 타입의 명사 중 다르게 변하는 단어들의 예

   ice > ic ; úřednice − úřednic, kytice − kytic, ulice − ulic
   ile > il ; košile − košil
   yně > yň(yní) ; přítelkyně − přítelkyň, přítelkyní

3. 장모음이 단모음화 됨

   chvíle − chvil
   míle − mil

| 기타 | *iště > išť ;   nástupiště > nástupišť, parkoviště > parkovišť

2. 형용사, 지시대명사, 소유대명사의 복수 생격

		남성	여성	중성
주격		ten můj mladý	ta moje (má) mladá	to moje (mé) mladé
복수생격	경변화	těch	mých tvých, svých našich, vašich, jejích	mladých
	연변화	těch		moderních

예문

Objednávám 5 černých káv a 6 Plzeňských piv.
나는 커피 5섯 잔과 플젠 맥주 6병을 주문합니다.
Pozvali jsme několik slovenských přátel.
우리는 몇몇 슬로바키아 친구들을 초대했다.
Blízko těch starých domů postavili moderní sídliště.
그 낡은 집들 가까이 새로운 아파트 단지를 건설했다.
5 mých spolužáků neudělalo zkoužku.
5섯 명의 내 동기들이 시험에 떨어졌다.
Vidím tady kolem sebe řadu starých lidí.
여기 내 주변에 많은 노인들이 보인다.
Prahu navštěvují početné skupiny ruských turistů.
수 많은 러시아 관광객 그룹들이 프라하를 방문한다.

3. 복수 생격을 사용하는 경우

1. 전치사와 함께

Zítra ráno jedu na výlet do Českých Budějovic.
나는 내일 아침에 체스께 부제요비쩨에 여행을 간다.
Kolem dětských hřišť zasadili stromky.

운동장 근처에 작은 나무들을 심었다.
Dovolená uplynula bez problémů.
휴가가 문제없이 지나갔다.

2. 생격을 받는 동사와 함께

Pan profesor se zeptal všech studentů.
교수님께서 학생 모두에게 물으셨다.
Můj malý syn se bojí cizích psů.
내 어린 아들이 낯선 개들을 무서워한다.
V tomto roce se zúčastníme tří mezinárodních konferencí.
금년에 우리는 3번의 국제 회의에 참석할 것입니다.

3. kolik으로 물을 때

Kolik měsíců trvá kurz češtiny? 체코어 코스가 몇 달 동안 계속 됩니까?
Kolik máte sourozenců? 형제가 몇 되십니까?
Kolik peněz dáte synovi na školní výlet?
수학여행 갈 때 아들에게 돈을 얼마 주십니까?

4. 5 이상의 숫자와 함께 쓸 때

Je to deset korun a padesát haléřů. 10크라운 50할레슈입니다.
Zaplatil jsem 20 dolarů. 나는 20달러를 지불했다.
Budu v Praze ještě asi pět dní. 나는 아마 5일 더 프라하에 있을 것이다.

5. 다음과 같은 단어들 뒤에서

hodně, mnoho, moc 많이	Ve městě je mnoho aut a autobusů. 도시에는 많은 자동차와 버스가 있다. O víkendu budeme mít moc práce. 우리는 주말에 일이 많을 것이다.
dost 충분히	Letos v létě bylo dost slunečných dnů. 금년 여름에는 햇볕 비치는 날이 충분히 있었다.
málo 적게	Na festivalu je opravdu málo dobrých filmů. 페스티발에는 좋은 영화들이 정말로 적었다.

několik 몇몇의	Test obsahoval několik těžkých úkolů. 테스트에 몇몇 어려운 문제들이 포함되었다.

* 위와 같은 단어들이 문장에서 주어의 역할을 할 때 동사는 3인칭 단수형(중성)을 쓴다.

4. 명사 전치격(복수)

다음은 14 대표명사의 복수 전치격 변화이다.

남성		여성		중성	
단수주격	복수전치격	단수주격	복수전치격	단수주격	복수전치격
pán	pán–ech	žena	žen–ách	město	měst–ech
muž	muž–ích	růže	růž–ích	moře	moř–ích
předseda	předsed–ech	kost	kost–ech	stavení	staven–ích
soudce	soudc–ích	píseň	písn–ích	kuře	kuř–at–ech
hrad	hrad–ech				
stroj	stroj–ích				

1. 남성명사(복수 전치격)에서 다음과 같은 자음으로 끝나는 명사들은 자음변이가 일어난다.

  –k,　　　　　　　　　 > –cích　　 ve vlacích(vlak)
  –g, –h ⎤ + ích > –zích　　 o kolezích(kolega)
  –ch ⎦　　　　　 > –ších　　 o Češích(Čech)

2. –l, –s로 끝나는 일부 남성명사(경변화)들의 전치격 변화

  hotel – v hotelích, v hotelech　　　les – v lesích

3. –ko, –go, –ho, –cho + –ách > –kách, –gách, –hách, –chách

  středisko – ve střediskách, ve střediscích
  jablko – o jablkách, o jablcích
  logo – na logách, na lozích

4. 지명이나 단어가 복수의 형태일 때 변화하는 전치격의 예들

Čechy(F) — v Čechách 체코에서

Spojené státy americké(M) — ve Spojených státech amerických
미합중국에서

Mariánské Lázně(F) — v Mariánských Lázních 마리안스께 라즈네에서

Karlovy Vary(M) — v Karlových Varech 까를로비 바리에서

Pardubice(F) — v Pardubicích 빠르두비쩨에서

Vánoce(F) — o Vánocích 크리스마스에

prázdniny(F) — o prázdninách 방학에

hory(F) — na horách 산에서

Alpy(F) — v Alpách 알프스에서

Krkonoše(F) — v Krkonoších 끄르끄노쉐에서

5. 형용사, 지시대명사, 소유대명사의 복수 전치격

		남성	여성	중성
주격		ten můj mladý	ta moje (má) mladá	to moje (mé) mladé
복수 전치격	경변화	o těch	mých tvých, svých našich, vašich, jejich	mladých
	연변화	o těch		moderních

예문

V restauraci byly na všech stolech květiny.
레스토랑 모든 테이블 위에 꽃들이 있었다.
O těch lidech jsem nikdy neslyšel.
나는 그 사람들에 대해 결코 들은 적이 없다.
Po vánočních prázdninách zase musíme do školy.
우리는 크리스마스 방학 이후에 학교에 다시 가야 한다.
Na konci zimy jsme lyžovali v rakouských Alpách.
나는 겨울의 막바지에 오스트리아 알프스에서 스키를 탔다.

Co víte o českých lázních?

당신은 체코 온천에 대해 무엇을 아십니까?

Jsem zvyklý pracovat při otevřených oknech.

나는 유리창이 열린 채 일을 하는 데 익숙해져 있다.

3단계

표현 따라하기

1. Kolik to stojí? (=Co to stojí?) 그것은 얼마입니까?

0,50 Kč	Stojí to padesát haléřů	50할레슈입니다.
1 Kč	jednu korunu	1크라운입니다.
2 Kč	dvě koruny	2크라운입니다.
3 Kč	tři koruny	3크라운입니다.
4 Kč	čtyři koruny	4크라운입니다.
5 Kč	pět korun	5크라운입니다.
10 Kč	deset korun	10크라운입니다.
100 Kč	sto korun	100크라운입니다.
105 Kč	sto pět korun	105크라운입니다.
206 Kč	dvě stě šest korun	206크라운입니다.
325 Kč	tři sta dvacet pět korun	325크라운입니다.
1550 Kč	tisíc pět set padesát korun	1550크라운입니다.

2. 체코의 화폐단위

padesátník	50할레슈
koruna	1크라운
dvoukoruna	2크라운
pětikoruna	5크라운
desetikoruna	10크라운
dvacetikoruna	20크라운

padesátikoruna	50크라운
stokoruna, stovka	100크라운
dvousetkoruna, dvoustovka	200크라운
pětisetkoruna, pětistovka	500크라운
tisícikoruna, tisícovka	1000크라운
dvoutisícikoruna	2000크라운
pětitisícikoruna	5000크라운

체코어로 말하기

회화 1

• Kolik studentů studuje na téhle škole?
  꼴릭 스뚜덴뚜 스뚜두예 나 떼흘레 슈꼴레

이 학교에서 얼마나 많은 학생들이 공부를 합니까?

• Nevím to přesně, ale učí tady 7 profesorů a 5 profesorek.
  네빔   또 프르제스녜 알레 우취 따디 쎄듬 쁘로페쏘루 아 삐옛 쁘로페쏘렉

정확히는 모르겠지만 7명의 남자교수님들과 5명의 여자교수님들이 여기에서 가
르치십니다.

• Tak jich může být kolem dvou set. 그러면 200명 정도 될 수 있겠네요.
  딱 이흐 무줴 빗   꼴렘 드보우 쎘

회화 2

• Bojí se tvoje dítě psů? 네 아이는 개를 무서워 하니?
  보이 쎄 뜨보예 지쩨 쁘수

• Psů ani koček se nebojí. Ale bojí se neznámých lidí.
  쁘수 아니 꼬첵 쎄 네보이 알레 보이 쎄 네즈나미흐   리지

개도 고양이도 무서워하지 않아. 그러나 낯선 사람들을 무서워해.

• To je přirozené. 그건 당연한 거야.
  또 예 프르지로제네

회화 3

- Viděl jsi na dveřích to oznámení? 문에 붙은 알림장 보았니?
  비젤 씨 나 드베르지흐 또 오즈나메니

- Nevěděl jsem, co tam bylo napsané. 거기에 무엇이 써있는지 몰랐는데.
  네비예젤 쎔 쪼 땀 빌로 나쁘싸네

- Byl tam nový rozvrh hodin, který bude platit po prázdninách.
  빌 땀 노비 로즈브르흐 호진 끄떼리 부데 쁠라찟 뽀 쁘라즈드니나흐
  방학 후부터 적용될 새 시간표가 거기에 있었어.

5단계

함께 연습하기

1. 다음 괄호 안의 단어들을 생격 형태로 고치세요.

1) To je auto (naši přátelé).
2) Už se těším do (Karlovy Vary).
3) Kolik (volné lístky) ještě máte?
4) To je teprve začátek (velké změny).

2. 다음 괄호 안의 단어들을 전치격 형태로 고치세요.

1) Informovali nás o (nové trendy).
2) V (ty lavice) byl nepořádek.
3) Na (české stadióny) se hraje poslední kolo fotbalové ligy.
4) Při (mezinárodní závody) došlo k tragické nehodě.

3. 다음 체코의 지명들을 복수 전치격으로 바꾸세요.

1) Čechy
2) Pardubice
3) Krkonoše
4) Karlovy Vary

4. 다음을 체코어로 옮기시오.

1) 나는 책과 공책들이 충분치가 않다.

2) 전차표가 몇 크라운입니까?

3) 너는 내 친구들에 대해 어떻게 생각하니?

4) 선생님은 새 책들에 대해 말씀하셨다.

체코 문화와의 만남

● 프라하의 유대 문화의 메카

　　프라하의 유대인지구는 당시 프랑크푸르트나 빈, 베를린의 유대인지구보다 역사가 더 오래되었다. 유대인지구의 가장 오래된 지역은 1142년 이후 비잔틴에서 온 가문에 의해 몇몇 목조 가옥과 구신 시나고그(구신 유대인 예배당)가 건축되었던 곳이다. 이 자리에 19세기 말 건축된 아름다운 무어 양식의 스페인 시나고그가 오늘날 재 축조되었다. 이는 현재 유대인 예술박물관으로 사용되고 있으며, 유대인 관련 행사와 음악회도 정기적으로 개최된다. 독일에서 온 유대인들에 의해 세워진 구신 시나고그는 유대인지구의 중심이며 유럽에서 가장 오래된 시나고그이다. 종 안 박공지붕 모양을 한 둥근 고딕 양식의 건축물은 매우 독특하며, 유대인 묘지와 함께 가장 유명한 중세 유대인의 유적이다. 이러한 유대인의 유적들은 전 세계의 유대인뿐만 아니라 옛 고적에 관심 있는 관광객들로 인해 항상 붐빈다.

　　필자는 프라하 카렐대학의 철학부 바로 옆에 있는 유대인 유적을 자주 지나가는데, 고대에 가나안 땅에서 예수를 팔아먹은 죗값으로 유럽 대륙으로 추방된 유대인들이 프라하에 정착하여 그들만의 종교와 문화, 전통을 2천 년간 지키고 살아온 민족성에 감탄하곤 한다. 전 세계의 예술계와 학계에 기여한 유대인의 공헌은 아무리 강조해도 지나치지 않을 정도로 위대하다 하겠다. 이 지역은 나중에 유대인 게토 지구로 발전하게 되었다. 히틀러가 2차 대전을 일으키고 폴란드의 아우슈비츠에서 한창 유대인들을 학살할 때, 이 지구상에 유대인이라는 종족이 살았다는 흔적을 남기기 위하여 중부유럽의 유대인 유물들을 프라하로 모으기 시작했다고 한다. 이러한 연유로 프라하의 유대인박물관에는 유대인 관련 유물들이 많이 보관되어 있어 세인들의 관심을 불러 모으고 있다.

　　프르제미슬 오타카르 2세의 통치 기간(1253~1278) 동안 보헤미아의 유대인지구는 역사상 가장 평화롭고 지적인 창조의 순간을 맞이했다. 프라하의 유대인들은 이전 수세기 동안 불평등한 법 때문에 고통을 받았다. 기독교인들은 유대인 학살을 미끼로 시도 때도 없이 그들을 방화범으로 몰았고, 우물에 독약을 넣었다고 비난하며 죄를 뒤집어씌웠다.

• 민주주의 대통령 마사릭의 유대인 차별 금지

철학자 마사릭은 이미 1899~1900년대에 여러 논문을 통해 반유대인 분위기에 반대하며 동료 유대인 시민들을 변호했다. 제1차 체코슬로바키아 공화국 시대의 마사릭 대통령은 체코뿐만 아니라 당시 유럽을 통틀어 가장 이상적인 민주주의를 정치에 실제로 활용한 정치지도자로 유명하다. 그는 민주주의 이론이나 여성평등사상, 외국인에 대한 무차별 평등주의 등 아주 이상적인 민주주의 평등사상을 주장하고 실현하였다. 그리고 그는 페미니스트 입장에서 여성도 남성처럼 투표권 등의 모든 권리를 향유해야 한다고 주장하였고, 실제로 이를 정책에 반영하였다. 이는 당시의 분위기로는 매우 파격적이었다.

마사릭 초상사진

9 Co budeme dělat o víkendu?

우리는 주말에 무엇을 할겁니까?

Přišlo jaro.
프르지슐로 야로

To znamená, že budeme muset důkladně uklidit celý byt.
또   즈나메나   줴   부데메   무쎗   두끌라드녜 우끌리짓 쩰리 빗

Nejdřív budeme utírat všude prach.
네이드르지브 부데메 우찌랏 프슈데 쁘라흐

Až utřeme prach, budeme luxovat kuchyň i pokoje.
아슈 우트르제메 쁘라흐   부데메   룩소밧   꾸힌 이 뽀꼬예

Až vyluxujeme, budeme mýt okna.
아슈   비룩수예메   부데메   밋 오끄나

Až umyjeme okna, budeme prát.
아슈 우미예메 오끄나 부데메 쁘랏

Až vypereme, budeme žehlit.
아슈 비뻬레메   부데메   줴흘릿

Až vyžehlíme, budeme unavení, a proto si půjdeme lehnout.
아슈 비줴흘리메   부데메   우나베니 아 쁘로또 씨 뿌이데메   레흐노웃

봄이 왔다.
그것은 우리의 아파트 전체를 철저히 청소해야 함을 의미한다.
제일 먼저 우리는 먼지를 닦을 것이다.
먼지를 닦고 나서 부엌과 방들을 청소기로 밀 것이다.
청소기를 다 돌리면 창문들을 씻을 것이다.
창문을 다 씻으면 세탁을 할 것이다.
세탁을 다 하면 다리미질을 할 것이다.
다리미질을 다 하면 우리는 피곤할 것이다. 그래서 누워있을 것이다.

단어와 숙어 익히기

- přišlo   왔다
- znamená   의미한다.
- důkladně   철저히
- uklidit   청소하다.
- utírat   닦다.
- prach   먼지(M)
- utřeme   닦을 것이다.
- luxovat   청소기로 청소하다.
- vyluxujeme   청소기로 청소할 것이다.
- vypereme   세탁을 할 것이다.
- vyžehlíme   다리미질을 할 것이다.
- lehnout si   눕다.

2 단계

문법 따라잡기

1. 동사의 미래

체코어는 미래시제를 만드는데 있어 복합형과 단순형 두 가지를 사용한다.

1. 복합형 미래는 불완료체 동사로부터 형성된다.

즉 být동사의 미래형에 불완료체 동사의 원형을 결함시킴으로써 생성된다.

	단수	복수
1인칭	budu dělat	budeme dělat
2인칭	budeš dělat	budete dělat
3인칭	bude dělat	budou dělat

2. 단순형 미래란 완료체 동사로부터 형성되며 이 동사의 현재형 변화가 즉 미래를 뜻한다.

	단수	복수
1인칭	udělám	uděláme
2인칭	uděláš	uděláte
3인칭	udělá	udělají

2. 동사의 상

다른 슬라브어들처럼 체코어도 대부분의 동사에 있어 상이라는 문법범주(불완료체와 완료체)를 가지고 있다. 기본적으로 동작이나 행위의 완료 미완료성에 따라 서로 대립하는 두 체는 형태는 다르지만 동일한 어휘적 의미를 지니고 있다. 즉, 예를 들어 '~하다'라는 뜻을 가진 동사에 불완료체인 dělat과 완료체인 udělat의 두 가지 형태가 있으며 이는 다음처럼 그 쓰임이 각각 다르다.

1. 불완료체 동사

1) 불완료체 동사는 기본적으로 어떤 동작이나 행위가 완료되지 않고 동작의 지속적인 동작이나 반복적 행위를 표현한다.

2) 불완료체 동사는 반복, 지속을 나타내는 부사들과 같이 많이 쓰인다.

예문

často, každý den, pravidelně, vždy 등
(자주) (날마다) (정기적으로) (항상)

3) 불완료체 동사는 합성미래를 만들며, 완료의 의미를 갖지 않는 미래의 동작이나 과정을 나타낸다.

예문

Budu číst knihu. 나는 책을 읽을 것이다.
(미래의 완료되지 않은 행위)
Budu kupovat noviny každý den. 나는 날마다 신문을 살 것이다.
(미래의 반복적 행위)

4) 불완료체 동사의 과거 예

예문

Psal jsem dopis dvě hodiny. 나는 두 시간 동안 편지를 썼다.
(행위의 지속, 과정)
Hana často kupovala nové tašky. 하나는 자주 새 가방을 샀다.
(행위의 반복)

2. 완료체 동사

1) 행위의 일회성, 완료, 결과를 표현한다.
2) 완료체 동사는 현재시제가 존재하지 않는다.
3) 완료체 동사는 합성미래를 만들지 못하며 불완료체 동사의 현재형처럼 변화
   하며 그 자체가 미래의 행위를 표현한다.

예문

Přečtu tu knihu. 나는 그 책을 (다)읽을 것이다.
(미래의 완료된 행위)
Zítra koupím noviny. 나는 내일 신문을 살 것이다.
(미래의 일회성, 완료된 행위)

4) 완료체 동사의 과거 예

예문

Napsal jsem dopis svému kamarádovi. 나는 내 친구에게 편지를 썼다.
(행위의 결과, 완료)
Hana koupila novou tašku. 하나는 새 가방을 샀다.
(행위의 일회성)

◯ 다음 도표는 완료체가 두 가지 시제 그리고 불완료체가 세 가지 시제로 사용
되고 있음을 보여준다.

	과거시제	현재시제	미래시제
불완료체	Psal jsem.	Píšu.	Budu psát.
완료체	Napsal jsem.	×	Napíšu.

◆ 불완료체 동사로만 사용되는 동사들은 다음과 같다.

예문

být, existovat, sedět, ležet, stát, viset, muset, moct, smět, umět, chtít, mít, znát, vědět, znamenat … 등과 같이 상태를 나타내는 동사나 조동사는 완료체가 존재하지 않는다.

3. 불완료체 동사와 완료체 동사의 형태상의 관계

1. 불완료체에 접두어를 붙임으로써 완료체를 파생해 낸다.

	불완료체 동사		완료체 동사
po-	děkovat	감사하다	poděkovat
	žádat	요구하다	požádat
	bavit se	즐기다	pobavit se
	dívat se	보다	podívat se
	čekat	기다리다	počkat
	prosit	부탁하다	poprosit
za-	volat	부르다	zavolat
	telefonovat	전화하다	zatelefonovat
	zpívat	노래 부르다	zazpívat
	balit	포장하다	zabalit
	zvonit	종을 울리다	zazvonit
z-	kontrolovat	검사하다	zkontrolovat
	opakovat	반복하다	zopakovat
	účastnit se	참석하다	zúčastnit se
	ničit	망치다	zničit
	vážit	무게를 재다	zvážit
	ptat se	묻다	zeptat se
vy	fotografovat	사진 찍다	vyfotografovat
	prát	세탁하다	vyprat
	žehlit	다리미질하다	vyžehlit
	čistit	청소하다	vyčistit
	pít	마시다	vypít
	zkoušet	시도하다	vyzkoušet

na–	diktovat	구술하다	nadiktovat
	psát	쓰다	napsat
	učit se	배우다	naučit se
	snídat	아침 먹다	nasnídat se
	obědvat	점심 먹다	naobědvat se
	večeřet	저녁 먹다	navečeřet se
	jíst	먹다	najíst se(자동사)
s–	končit	끝내다	skončit
	trávit	시간을 보내다	strávit
	jíst	먹다	sníst(타동사)
o–	holit se	면도하다	oholit se
	sprchovat se	샤워하다	osprchovat se
pře–	číst	읽다	přečíst

2. 동사의 접미사가 변형되어 완료체를 파생해 낸다.

	불완료체 동사		완료체 동사
–ovat > –it	vysvětlovat	설명하다	vysvětlit
	připravovat	준비하다	připravit
	vystupovat	내리다	vystoupit
	osvobozovat	해방시키다	osvobodit
	zabraňovat	막다	zabránit
–et > –it	probouzet se	깨다	probudit se
	vracet se	돌아오다	vrátit se
	uklízet	청소하다	uklidit
	rozmýšlet se	곰곰히 생각하다	rozmyslit se
	vyrábět	생산하다	vyrobit
	pouštět	놓아주다	pustit
–at > –it	chytat	잡다	chytit
	skákat	뛰다	skočit
	omlouvat se	용서를 구하다	omluvit se

−at > −nout	oblékat se	옷을 입다	obléknout se
	sedat si	앉다	sednout si
	všímat si	알아채다	všimnout si
	zvedat	들어올리다	zvednout
	zhasínat	끄다	zhasnout
	zapomínat	잊다	zapomenout
	začínat	시작하다	začít
	přijímat	받아들이다	přijmout
−ovat > −nout	dosahovat	도달하다	dosáhnout
	rozhodovat se	결정하다	rozhodnout se
	poskytovat	제공하다	poskytnout
−et > −nout	prohlížet	살펴보다	prohlédnout
−ávat > −at, −át	dávat	주다	dát
	nechávat	놓아 두다	nechat
	získávat	얻다	získat
	vstávat	일어나다	vstát
	potkávat	만나다	potkat
−ívat, −ývat > ít, −ýt, −ět	používat	이용하다	použít
	využívat	이용하다, 활용하다	využít
	pokrývat	덮다	pokrýt
	ubývat	작아지다, 없어지다	ubýt
	zbývat	남다, 남아있다	zbýt
	dorozumívat se	이해하다	dorozumět se
−at > 자음+t	vyrůstat	자라다	vyrůst
	odečítat	빼다	odečíst
	pomáhat	돕다	pomoct
	dojídat	다 먹다	dojíst

3. 불규칙으로 변화하는 예

불완료체		완료체
ukazovat	가르치다	ukázat
začínat	시작하다	začít
vybírat (si)	선택하다	vybrat (si)
odpovídat	대답하다	odpovědět
říkat	말하다	říct
brát	갖다, 취하다	vzít

* 체코어 사전은 동사의 불완료체와 완료체를 명시한다. 항상 사전을 참조하는 것이 올바른 학습 방법이라 하겠다.

4. 동사 jít, jet에서 파생된 완료체 동사들의 쓰임(의미의 변화에 유의한다)

při-	Rodiče k nám přijedou v sobotu. 부모님들이 토요일에 우리 집에 도착하실 것이다.
od-	Manžel odjede na služební cestu. 남편은 출장을 떠날 것이다.
vy-	Už jsme vyjeli z Prahy. 우리는 이미 프라하를 벗어났다.
s-, se-	Sejdeme se zítra u divadla. 우리는 내일 극장 근처에서 만날 것이다. (재귀의 se)
v-, ve-	Do obchodu vešla nějaká paní. 어떤 부인이 상점으로 들어왔다.
pro-	Projeli jsme tunelem. 우리는 터널을 통과했습니다.
pře-	Auto přejelo most. 자동차가 다리를 지나갔다.
ob-, obe-	Auto objelo náměstí. 자동차가 광장을 따라 돌았다.
do-	Kdy dojde ten dopis do Anglie? 언제 그 편지가 영국에 도착할 것입니까?
roz-	S Pavlem jsem se rozešel až v metru. 나는 빠벨과 지하철에서 헤어졌다.

이처럼 접두어가 가지고 있는 의미와 상관되게 변화하는 경우가 대부분이다. 접두어를 활용하여 파생되는 완료체 동사의 경우 용례를 알아두고 익히는 것이 좋다. 접두어가 붙어 만들어진 완료체 동사가 그 의미 또한 변했을 때 이 완료체 동사에서 같은 의미를 가진 불완료체 동사가 다시 파생되기도 한다.

jít > přijít < přicházet, jít > odejít < odcházet, jít > dojít < docházet 등

3단계

표현 따라하기

• **날씨에 대해**

Jaké je počasí? Jak je venku? 날씨가 어때요?

Je hezké (krásné) počasí. 날씨가 좋아요(아름다워요).

Je hezky. 좋아요.

Je teplo. 따뜻해요.

Je horko. 더워요.

Je vedro. 무더워요.

Je jasno. 맑아요.

Svítí slunce. 햇볕이 비쳐요.

Je špatné (ošklivé) počasí. 날씨가 좋지 않아요.

Je ošklivo. 좋지 않아요.

Je zima. 추워요.

Je zataženo. 구름이 덮여 있어요.

Je oblačno. 날씨가 흐려요.

Je bouřka. 폭풍이에요.

Blýská se. 번개가 쳐요.

Je mlha. 안개가 꼈어요.

Fouká vítr. 바람이 불어요.

Prší. 비가 와요.

Sněží. 눈이 내려요.

Mrzne. 몹시 추워요.

4단계

체코어로 말하기 🎧

회화 1

• Vaříš oběd? 점심을 하니?
바르지슈 오비엣

• Už jsem ho uvařil a za chvíli ho ponesu na stůl.
우슈 쎔 호 우바르질아 자 흐빌리 호 뽀네쑤 나 스뚤
이미 다 했어. 조금 있다 식탁으로 가지고 올게.

• Už se na to těším. 벌써 기대되네.
오슈 쎄 나 또 쩨쉼

회화 2

• Připravujete se na zkoušku? 시험 준비하고 있니?
프르지쁘라부예떼 쎄 나 스꼬우슈꾸

• Ještě jsem nezačal. 아직 시작 안 했어.
예슈쩨 쎔   네자촬

• Není špatné začínat s tím tak pozdě?
네니 슈빠뜨네 자취낫 스 찜 딱   뽀즈제
그렇게 늦게 시작하면 안 되는 것 아니니?

• Myslím, že se stihnu připravit. 준비할 수 있을 거라 생각해.
미슬림   줴 쎄 스찌흐누 프르지쁘라빗

회화 3

• Studuje Váš syn na Karlově univerzitě?
스뚜두예 바슈 씬 나 까를로비예 우니베르지쩨
당신 아들이 까를대학에서 공부하나요?

• Minulý rok už dostudoval. 작년에 다 마쳤어요.
미눌리 록 우슈 도스뚜도발

• Už někde pracuje? 벌써 어디서 일하고 있나요?
  우슈 네그데   쁘라쭈예

• Ještě se mu nepodařilo najít správné místo.
  예슈쩨 쎄 무 네뽀다르질로   나잇 스쁘라브네 미스또
  아직 적당한 직장을 찾지 못했어요.

함께 연습하기

1. 다음 문장들을 미래시제로 바꾸시오.

   1) Petr a Eva jedou na výlet.
   2) Pan profesor opravuje chyby, které dělali studenti.
   3) Už se těší na další setkání.
   4) Maminka kupuje maso každý den.

2. 다음 동사들의 완료체 형태를 쓰시오.

   > učit se, končit, sprchovat se, prosit, ptát se, prát, oblékat,
   > dosahovat, dávat, pokrývat

3. 다음 문장의 괄호 안에 알맞은 불완료체와 완료체를 고르세요.

   1) Kdo bude (platit, zaplatit)? Já (platím, zaplatím) za nás oba.
   2) Dnes nebude nikdo (uklízet, uklidit). Přece jsme všechno
      (uklízeli, uklidli).
   3) Dnes večer budu (číst, přečíst) ten nový román od Kundery.
      Až ho (čteš, přečteš) půjč mi ho.
   4) Dlouho jsme si (vybírali, vybrali), nové šaty.
      Nakonec jsem si žádné (nevybírali, nevybrali).

4. 다음 문장을 체코어로 옮기시오.

1) 우리는 내일 할머니를 방문할 것이다.
2) 형은 날마다 면도를 한다.
3) 하나는 3시간 동안 편지를 썼다.
4) 내 친구는 내일 아침에 서울에 도착한다.

체코 문화와의 만남

• 프라하 – 맥주의 고향

"음악과 맥주를 빼놓고는 프라하를 이야기할 수 없을 것이다. '체코인이면 음악인이다.'라는 속담이 있듯이 프라하 하면 향기 좋은 맥주와 음악의 도시가 연상된다."

"우리 선조들도 맥주를 마셨고, 우리 아들들도 맥주를 마시며, 아들의 아들도 맥주를 마실 것이다. (중략) 죽을 때까지 마시고, 노래하자. 맥주를 마시고 죽는 자나 안 마시고 죽는 자나 죽기는 매한가지이다."
(선술집 우 플레쿠(U Fleků)의 벽서 중에서)

"맥주가 있는 곳엔 / 인생이 즐겁다 / 맥주를 마시는 곳엔 삶이 윤택하다."
(체코 선술집 우 칼리하(U kalicha) 벽서 중에서)

체코인들은 맥주 몇 잔으로 저녁 식사를 대신할 때가 많다. 그래서 저녁을 "마신다."라고 말하기도 한다. 일인당 맥주 소비량 세계 1위(일인당 평균 하루 500cc 한 잔), 최초의 맥주 양조법에 관한 기록 보유, 세계 최초의 플젠 맥주박물관 개관, 세계 최초의 라거(Larger)식, 즉 플젠식 맥주(Plzeňské pivo,phils 스타일 맥주) 생산, 맥주공장 종업원이 대통령이 된 나라(하벨 대통령) 등은 맥주의 천국으로 불리는 체코를 수식하는 말들이다. 영원한 보헤미안의 안식처이며 중세문화의 보고인 프라하를 중심으로 전국에 흩어져 있는 체코의 수많은 맥주 양조장과 선술집에서는 누구든지 환영받으며, 누구든지 마음껏 마실 수 있는 세계 최고 품질의 맥주가 기다리고 있다. 왁자지껄하고 담배연기 자욱한 선술집에서는 남녀노소, 인종, 종교적인 차이도 금방 허물어진다. 맥주 한 잔만 있으면 누구나 친구가 될 수 있고, 누구나 이야기에 참여할 수 있다. 프라하 체코인들의 이방인에 대한 배타적인 감정도 선술집에서는 맥주 거품과 함께 순식간에 녹아버린다.
알코올 농도 약 4~5도에 호프나 곡물의 량이 10~12% 정도 되는 체코 맥주는 마시는 사람의 취향에 따라 다르지만 비교적 값이 싼 흑맥주나 감브리누스(Gambrinus), 스타로프라멘이 대중적으로 인기가 있다. 체코뿐만 아니라 세계 최고의 품질로 평가받고 있는 플젠 맥주는 역시 언제 마셔도 그 향긋한 맛이 좋다. 흔히 미국 맥주로 알려진 버드와이저(Budweiser)라는 이름은 체코 남부 지역의 맥주 도시인 체스케 부제요비쩨(České Budějovice)에서 따온 것이다. 미국 화학주인 버드와이저와는 달리 체코 버드와이저는 질 좋은 호프 덕분에 은은한 맛을 지니고 있어 젊은이들이 선호한다. 체코는 맥주의 고향답게 버드와이저 이외에도 지방마다 독특하고 질 좋은 맥주가 많이 있는 맥주의 천국이다. 체코에서 두 번째로 큰 도시인 브르노의 스타로브르노 맥주는 2005년도 최고 맥주상을 받았다. 그리고 크루쇼비쩨 맥주는 르네상스 시대에 루돌프 2세 황제가 독점하여 마시던 것으로 질이나 맛에서 타의 추종을 불허한다. 체코를 방문하게 되면 플젠의 맥주박물관이나 플젠 맥주공장, 버드와이저의 고향 체스케 부제요비쩨의 맥주공장 또는 체스키 크루믈로프의 고급 맥주, 에겐부르크의 맥주공장, 맥주의 황제 크루쇼비쩨 맥주 양조장 투어를 적극 권하고 싶다.

옛날부터 체코에서는 술집에서 '마시는 빵'으로 저녁을 대신하는 일이 자주 있어왔다. 끈적끈적한 거품과 혀끝에 감도는 호프 맛이 일품인 생맥주를 체코인들은 '흐르는 빵(tekutý chléb)'이라고 표현하기도 한다. 이처럼 맥주는 체코인들에게 유쾌한 삶의 동반자이다. 일찍이 셰익스피어는 "맥주 한 잔과 목숨의 보증만이라도 손에 넣을 수 있다면 명예 같은 것은 버려도 상관없다."고 단언했다. 독일의 대문호 괴테 역시 "책은 쓰레기더미에 불과할 뿐, 맥주만이 우리를 즐겁게 한다."고 일갈했다.

Chceme jet na festival do Prahy.

우리는 프라하에 축제에 갑니다.

Jako každý rok se i letos bude pořádat hudební festival Pražské jaro.
야꼬 까쥬디 록 쎄 이 레또스 부데 뽀좌닷 후데브니 페스띠발 쁘라슈스께 야로

Znovu byli pozváni vynikající umělci z domova i ze zahraničí.
즈노부 빌리 뽀즈바니 비니까이찌 우믈넬찌 즈 도모바 이 제 자흐라니취

I naše rodina se pokusí sehnat lístky na nějaký atraktivní koncert.
이 나쉐 로지나 쎄 뽀꾸씨 쎄흐낫 리스뜨끼 나 녜야끼 아뜨락띠브니 꼰쩨르뜨

Tatínek říká : "Zkus sehnat lístky na Dona Giovanniho."
따찌넥 지까 스꾸스 쎄흐낫 리스뜨끼 나 도나 지오바니호

Maminka odpovídá : "Zkusím to, ale nečekej, že se mi to povede."
마밍까 오뜨뽀비다 스꾸씸 또 알레 네췌께이 줴 쎄 미 또 뽀베데

Já na to : "Jdi se postavit do fronty hned ráno. Doufejme, že tak bude
야 나 또 이지 쎄 뽀스따빗 도 프론띠 흐넷 라노 도우페이메 줴 딱 부데

větší šance."
비예취 샨쩨

매년처럼 올해도 프라하의 봄 음악축제가 주최될 것입니다.
국내 국외의 뛰어난 예술가들이 다시 초청되었습니다.
우리 가족도 흥미로운 콘서트의 표를 구하려고 하고 있습니다.
아빠가 말씀하신다. 돈 죠바니 표를 구하도록 해봐요!
엄마가 대답하신다. 시도는 하겠지만 구할 거라 생각하지 말아요.
내가 말한다. 아침에 곧장 줄을 서도록 해봐요. 기회가 더 좋을 거라 희망하지요.

단어와 숙어 익히기

• festival	축제, 페스티발(M)
• pořádat	주최하다, 조직하다.
• vynikající	뛰어난
• umělci	예술인들
• domova	집, 고향, 조국(domov)
• pokusí se	시도하다.
• atraktivní	흥미로운, 매력적인
• zkus	시도해!
• sehnat	찾다.
• postavit se	세우다.
• šance	기회(F)

문법 따라잡기

1. 수동태

동사의 태는 능동태와 수동태로 나뉜다. 태는 동작의 행위자와 피자용자의 관계를 표현한다. 그래서 동사가 능동의 형태로 표현되어 있으면 동작의 행위자는 주어의 역할을 하고 수동의 형태로 표현되어 있으면 행위자는 문법상의 주어 자리에서 이탈하게 된다.

보통 수동문에서 행위자는 생략된다.

1. 능동태의 예

Dělníci vyrábějí stroje. 노동자들이 기계를 생산한다.
Vypil jsem to víno. 나는 그 포도주를 다 마셨다.
Maminka otevřela okno. 엄마는 유리창을 열었다.

2. 수동태의 예

Stroje jsou vyráběny (dělníky). 기계들이 (노동자들에 의해) 생산된다.
To víno bylo vypito. 그 포도주가 다 비었다.
Okno bylo otevřeno. 창문이 열려 있었다.

2. 수동분사

수동분사는 분사형에서 파생되며 성과 수를 표현하는 어미부에 형용사 어미를 붙여 형용사가 가지는 형태론적 특징(격변화)과 통사론적 특징(수식과 서술의 기능)을 보인다.

예문

rozmazlené dítě 버릇 없는 아이
uklizený pokoj 치워진 방
opravené auto 고쳐진 자동차
ztracené peníze 잃어버린 돈

3. 정태동사와 부정태동사

동작을 나타내는 체코어 몇몇 동사들 가운데 불완료체가 2가지인 형태의 동사들이 있다. 정태동사는 일정한 시간에 일정한 방향으로 움직이는 것이고, 부정태동사는 일정한 방향이나 목적 없이 움직이거나 반복하는 하는 동사이다.

불완료체	원형		현재	과거	미래
정태 부정태	jít chodit	가다 다니다	jde chodí	šel chodil	půjde bude chodit
정태 부정태	jet jezdit	가다(차를 타고) 타고 다니다	jede jezdí	jel jezdil	pojede bude jezdit
정태 부정태	běžet běhat	뛰다 뛰어 다니다	běží běhá	běžel běhal	poběží bude běhat
정태 부정태	letět létat	날다 날아다니다	letí létá	letěl létal	poletí bude létat

정태	nést	운반하다, 들다	nese	nesl	ponese
부정태	nosit	가지고 다니다	nosí	nosil	bude nosit
정태	vézt	태우고 가다	veze	vezl	poveze
부정태	vozit	태우고 다니다	vozí	vozil	bude vozit
정태	vést	데리고 가다	vede	vedl	povede
부정태	vodit	데리고 다니다	vodí	vodil	bude vodit

예문

V pátek poletím do New Yorku.

나는 금요일에 뉴욕에 비행기를 타고 갈 것이다.

Nejčastěji létám s ČSA. 나는 가장 빈번히 체코 항공을 탄다.

Jan poběží 300 metrů na školním závodě.

얀은 학교 경기에서 300미터를 달릴 것이다.

Běhám skoro každý den. 나는 거의 날마다 뛴다.

Vedu dceru na balet. 나는 딸을 발레에 데리고 간다.

Třikrát za týden vodím syna na hokej.

나는 일주일에 세 번 아들을 하키에 데리고 다닌다.

4. 동사의 법

법은 동작이나 행위가 어떤 사실과 맺는 관계를 표현하는 동사의 문법범주이다. 법에는 모든 시제를 표현할 수 있는 직설법, 현재와 과거만을 표현하는 가정법 그리고 명령법이 있다. 여기서는 명령법과 가정법을 자세히 알아 본다.

1. 명령법

명령법은 청자에게 ~을 하라/~을 해 달라고 명령이나 부탁, 호소나 제안을 표현하는 서법이다. 동사의 3인칭 복수형에서 동사 어미를 떼어내고 만들며 크게 다음과 같이 구분할 수 있다.

Podej mi, prosím tě, tu knihu.

(부드러운 명령, 부탁) 그 책을 내게 건내 주렴!

Zde odstřihněte! (강한 명령) 여기를 잘라버리세요!

Pojd'me. (제안, 호소) 갑시다.

	ty	vy	my
일반적인 형태 (어간이 자음 하나로 끝나는 경우)	kupuj!	kupujte!	kupujme!
어간이 자음 두 개로 끝나는 경우	vezmi!	vezměte!	vezměte!
3인칭 복수형태가 −ají인 경우	dělej!	dělejte!	dělejme!

◑ 어간의 끝이 d, t, n로 끝나면 이 자음들이 연음화 된다.

예문

jedou − jed', jed'te, jed'me!
vrátí se − vrat' se, vrat'te se, vrat'me se!
vstanou − vstaň, vstaňte, vstaňme!

◑ 명령형에서 모음이 단모음화 되는 예

예문

píšou − piš, pište, pišme!
koupí − kup, kupte, kupme!

◑ 불규칙 명령형의 예

	ty	vy	my
být	bud'!	bud'te!	bud'me!
stát	stůj!	stůjte!	stůjme!
jíst	jez!	jezte!	jezme!
sníst	sněz!	snězte!	snězme!
odpovědět	odpověz!	odpovězte!	odpovězme!
mít	měj!	mějte!	mějme!

2. 가정법

가정법은 원래 동사가 지닌 내용이 실현 불가능함을 표현하는 서법이다. 체코어에는 두 가지의 가정법이 존재하는데 가정법 현재(~하면, ~할 텐데)와 가정법 과거(~했으면, ~했을 텐데)이다. ~하면과 ~했으면의 절은 접속사 kdyby를 사용하며 이 뒤에는 과거시제가 온다.

1) 가정법 현재

	단수(남성)	복수(남성)
1인칭 2인칭 3인칭	pomohl bych pomohl bys pomohl by	pomohli bychom pomohli byste pomohli by

2) 가정법 과거

	단수(남성)	복수(남성)
1인칭 2인칭 3인칭	byl bych pomohl byl bys pomohl byl by pomohl	byli bychom pomohli byli byste pomohli byli by pomohli

예문

Kdyby měl 2 miliony korun, koupil bych nový byt.
내게 이백만 코룬이 있다면 새 아파트를 살텐데.
Kdyby byl měl 2 miliony korun, byl bych koupil nový byt.
내게 이백만 코룬이 있었다면 새 아파트를 샀을 텐데.
Kdybychom to věděli, řekli bychom vám to.
우리가 그것을 안다면 당신에게 말해 줄텐데.
Kdybychom to byli věděli, byli bychom vám to řekli.
우리가 그것을 알았다면 당신에게 말했을 텐데.

체코어로 말하기 🎧

회화 1

• Prosím tě, půjč mi 500 korun. 부탁인데 내게 500크라운 좀 빌려줘.
  쁘로씸   쩨 뿌이츄 미 뺏스또 꼬룬

• Chtěla bych si koupit parfém a momentálně nemám peníze.
  흐쩰라 비흐 씨 꼬우삣 파르펨 아   모멘딸녜   네맘   뻬니제

  향수를 사고 싶은데 지금 돈이 없어.

• Tak dobře a vrat' mi je, prosím tě, brzo. 좋아. 그런데 돈 빨리 갚아줘.
  딱 도브르제 아 브랏 미 예   쁘로씸 쩨 브르조

회화 2

• Co děláte ve volném čase? 휴일에 무엇을 하세요?
  쪼 젤라떼 베 볼넴   차쎄

• Snažím se trochu jezdit na kole. 자전거를 조금 타보려고 노력합니다.
  스나쩜 쎄 뜨로후 예즈딧 나 꼴레

• Zítra také pojedu. 내일도 갑니다.
  지뜨라 따께 뽀예두

회화 3

• Tahleta taška je otcova? 이 가방이 아버지 가방이니?
  따흘레따   따슈까 예 오뜨쪼바

• Ne, je maminčina. Otec nemá tak pěknou.
  네 예   마민취나   오떼쯔 네마 딱 뻬예끄노우

  아니야, 어머니 것이야. 아버지는 그렇게 예쁜 것 없으셔.

1. 다음 문장을 수동태로 바꾸세요.

   1) Maminka a Pavel přivítají Pavlu.
   2) Políbím ho na tvář.
   3) Potěším ho dobrými zprávami.
   4) Uklidila jsem svůj pokoj.

2. 다음 직설법의 문장을 명령법으로 바꾸세요.

   1) Hano, musíš si koupit pero.
   2) Jane, musíš dávat pozor.
   3) Petře, musíš se vrátit brzo.
   4) Milane, musíš jet do Karlových Varů.

3. 다음 문장의 괄호 안에 알맞은 정태동사와 부정태동사를 고르세요.

   1) V zimě (nosím, nesu) kabát.
   2) Kam (vede, vodí) tahle cesta?
   3) Často (chodím, jdu) do kostela.
   4) (Nesu, ponesu) tu tašku sám.

4. 다음 문장을 체코어로 옮기시오.

   1) 문이 열려 있었다.
   2) 이르꼬야, 서둘러라.
   3) 내가 시간이 있다면 너와 같이 갈 텐데.

138 | 찡먹고 알먹는 체코어 첫걸음

• '프라하의 봄'의 두 가지 의미

무척이나 낭만적으로 들리는 '프라하의 봄(Pražská jaro, Prague Spring)'이라는 말은 두 가지 의미를 지니고 있다. 하나는 '프라하의 봄'이라 불리는 프라하 오월 국제 음악 축제로서 수많은 체코슬로바키아(1993년부터는 체코)의 문화행사 중 가장 규모가 크고 핵심적인 축제를 일컫는다. '프라하의 봄'이 의미하는 다른 하나는 1968년에 인간의 얼굴을 한 사회주의 운동이 무르익어갈 때, 소련을 중심으로 한 바르샤바조약 군대의 탱크가 이 사회주의 운동을 탄압하여 실패해버린 체코슬로바키아의 "정치적 자유화 운동"을 말하기도 한다.

• '프라하의 봄' 음악축제

'프라하의 봄'이라 불리는 프라하 오월 음악 축제는 1946년 체코 필하모니 창단 50주년에 맞추어 당시 상임 지휘자였던 라파엘 쿠벨릭(Rafael Kubelik)에 의해 시작된 이래, 체코슬로바키아의 수많은 문화행사 중에서 가장 규모가 크고 핵심적인 축제로 자리 잡았다. 그동인 프라하의 봄 음악축제는 1968년이나 1989년의 정치적 격동 속에서도 계속 개최되어 체코인뿐만 아니라 전 세계인들의 사랑을 받아왔다. 전통적으로 프라하의 봄 음악 축제는 체코가 낳은 위대한 민족 음악가 스메타나(Bedřich Smetana)의 서거일인 5월 12일에 그의 교향시 「나의 조국」을 공연하는 것으로 시작된다. 6월 초까지 진행되는 축제 기간 동안 음악 애호가들은 교향곡, 실내악 연주 등 다양한 콘서트와 오페라 등을 선택하여 감상할 수 있다. '프라하의 봄' 음악축제의 시작을 알리는 곡은 스메타나의 「나의 조국」이며, 그 끝을 알리는 음악은 베토벤의 「교향곡 9번 합창」이다.

• 음악의 나라 체코

스메타나를 이야기할 때 빼놓을 수 없는 곡이 바로 6곡으로 이루어진 교향시 「나의 조국」이다. 「나의 조국」은 체코 민족의 전설 등을 풍부하게 사용하여 격정적이면서도 웅장한 민족의식이 담겨 있는 곡으로서, 듣는 이의 가슴에 조국에 대한 사랑과 자긍심을 심어준다.

스메타나가 「나의 조국」을 작곡하기 시작한 것은 50세 무렵인 1874년이었다. 그러나 이때부터 그의 귀에 이상이 생겨 제1곡인 '비셰흐라트'에 이어 제2곡인 '블타바'의 작곡에 착수했을 무렵에는 교향곡 9번을 작곡할 당시의 베토벤처럼 완전히 귀가 들리지 않는 상태가 되었다. 그러나 스메타나는 불굴의 의지로 작곡을 계속해 55세에 제6곡까지 전곡을 완성하였다. 제1곡 '비셰흐라트'는 프라하 블타바강 상류를 내려다볼 수 있는 높은 언덕 위 고성의 성터를 배경으로 민족의 전설을 회상하는 곡이다.

"그가 체코인이면 음악인이다(Co Čech, to muzikant)."

　이 체코 속담은 체코인이라면 누구나 노래를 잘하고 악기를 연주하며 인생을 즐긴다는 뜻으로, 실제로 옛날에는 거의 모든 체코인들이 노래 부르기를 즐기고 악기를 다룰 줄 알았다고 한다. 지금도 체코 프라하는 음악의 고향이자 음악의 나라답게 그러한 전통을 이어오고 있다. 모차르트의 고향 찰스부르크 보다 모차르트의 음악과 오페라가 더 자주 공연되는 곳이 바로 프라하이다.

　스메타나와 쌍벽을 이루는 드보르작의 「신세계」의 선율은 언제 들어도 향수에 젖게 한다.

　드보르작이 "내가 새 교향곡에서 만들어내기 위해 노력한 것은 흑인과 인디언 선율의 정신이다. 나는 그 선율의 어떤 것도 이용하지 않았다. 나는 내 음악의 주제에 인디언 음악의 고유성을 각인시키면서 단순히 특징적인 것만을 썼다."라고 말한 「신세계」는 세계인들이 가장 즐겨 듣는 곡의 하나이다.

드보르작 손자 안토닌과 함께

Moje studium
나의 학업

V poslední době se musím doma hodně připravovat,
프 뽀슬레드니 도비예 쎄 무씸 도마 호드녜 프르지쁘라보밧

abych úspěšně složil závěrečnou zkoušku z češtiny.
아비흐 우스뻬예슈녜 슬로칠 자비예레츄노우 스꼬우슈꾸 스 췌슈찌니

Věřím tomu, že na ni budu dobře připraven.
비예르짐 또무 줴 나 니 부두 도브르제 프르지쁘라벤

Snažím se projít co nejvíc cvičení, které mi můžou pro zkoušku pomoct.
스나췸 쎄 쁘로잇 쪼 네이비쯔 쯔비췌니 끄데레 마 무조우 쁘로 스꼬우슈꾸 뽀모쯔뜨

Chtěl bych ji složit v co nejbližším termínu, abych si mohl užít několik
흐쩰 비흐 이 슬로쥣프 쪼 네이블리쉼 떼르미누 아비흐 씨 모흘 우쥣 녜꼴릭

týdnů volna.
띠드누 볼나

Myslím že, ostatní moji spolužáci se dají vyzkoušet pokud možno brzy,
미슬림 줴 오스따뜨니 모이 스뽈루좌찌 쎄 다이 비스꼬우쉣 뽀꾸드 모쥬노 브르지

protože i oni by měli rádi několik týdnů prázdnin.
쁘로또줴 이 오니 비 므녤리 라지 녜꼴릭 띠드누 쁘라즈드닌

나는 요즘 체코어 기말고사를 성공적으로 보기 위해 집에서 많은 준비를 해야 한다.
나는 시험 준비가 잘 될 것이라 믿는다.
시험에 도움이 될 수 있는 문제를 최대한 많이 연습하고자 노력한다.
나는 몇 주간의 방학을 활용하기 위해 최대한 빨리 시험을 치르고자 한다.
다른 내 동기들도 방학을 몇 주 갖고자 원하기 때문에 가능한 빨리 시험을 보고자
한다고 생각한다.

단어와 숙어 익히기

- v poslední době   최근에, 요즘
- snažit se   노력하다.
- úspěšně   성공적으로
- složit   (시험을) 치르다.
- závěrečnou   마지막의, 최후의(závěrečný)
- projít   살펴보다. 다루다.
- vyzkoušet   시험을 보다
- prázdnin   방학(pl, prázdniny)

문법 따라잡기

1. 조건법을 이용한 다양한 표현

1) 목적을 나타내는 접속사 aby~(~하기 위해)

◯ −aby＋být 동사의 결합

já	−abych byl(a)	my	−abychom byli (−y, −a)
ty	−abys byl(a)	vy	−abyste byli (−y, −a)
on	−aby byl		−abyste byl(a)
ona	−aby byla	oni	−aby byli
ono	−aby bylo	ony	−aby byly
		ona	−aby byla

Sportuju každý den, abych byl zdravý.
나는 건강하고자 날마다 운동을 합니다.
Přeji, abys byla vždy šťastná. 네가 항상 행복하기를 바래.

Radím vám, abyste byli zticha. 여러분들이 조용히 하시길 조언합니다.

Pracuji, abych byl bohatý. 나는 부자가 되고자 일한다.

⊙ aby+동사의 과거형

Učím se česky, abych mohl mluvit se svým kolegou.
나는 내 동료와 말하기 위해 체코어를 배운다.

Beru si dovolenou, abych si odpočinul.
나는 휴식을 취하고자 휴가를 받습니다.

Vzal jsem si aspirin, aby mě nebolela hlava.
나는 머리가 아프지 않도록 아스피린을 먹었다.

Abyste mohl odpovědět na tu otázku, musíte číst jeho knihy.
이 질문에 대답을 하기 위해선 당신은 그의 책을 읽어야 합니다.

Přeju si, aby se otec uzdravil.
아버지가 회복하시기를 바란다.

Poprosila jsem ho, aby to opravil.
그것을 고쳐주도록 그에게 부탁했나.

Rodiče si přejí, aby jejich děti byly spokojené.
부모님들은 그들의 아이들이 만족하기를 바란다.

Je důležité, abyste tomu rozuměl.
그것을 이해하는 것이 중요합니다.

Řekni mu, aby přinesl zítra fotografie.
내일 사진을 가지고 오도록 그에게 말해라

2) 희망, 의혹, 놀라움, 못다한 의무감을 나타낼 때 사용된다.

예문

Jak by mohl nepřijet! 어떻게 그가 올 수 없단 말인가!

Kéž bychom byli mladí! 우리가 젊기만 하다면!

Měl bys pracovat! 넌 일을 해야 하는데!(하지 않고 있구나!)

⊙ 생각하다, 믿다, 바라다 와 같은 동사들은 abych 대신 접속사 že를 취한다.

Myslím, že vás neznám. 당신을 모른다고 생각됩니다.

Věří, že bude šťasten. 그는 행복하리라 믿는다.

Doufám, že brzo koupím nový dům.
나는 새 집을 곧 사게 되기를 바랍니다.

Jsem rád, že jste přijel. 나는 당신이 와서 기쁩니다.

2. 관계대명사 který

관계대명사 který는 형용사 경변화 방식을 따라 변화하며 선행하는 명사의 성과 수에 일치한다. 그러나 který의 격은 선행하는 절과는 상관없이 자신이 속한 절에서 그 격이 결정된다.

예문

Viděl jsem studenta. + 2. Mluvili jsme o studentovi.
=Viděl jsem studenta, o kterém jsme mluvili.
　우리가 얘기했던 학생을 나는 보았다.

Velký dům stojí na rohu. 2. To je velmi moderní.
=Ten velký dům, který stojí na rohu, je velmi moderní.
　코너에 서있는 그 큰 집이 매우 현대적이다.

Mladá dívka právě přišla. Ona je má dobrá známá.
=Ta mladá dívka, která právě přišla, je má dobrá známá.
　막 도착한 그 어린 소녀는 나의 좋은 친구이다.

＊관계대명사 který는 문어체와 회화체 둘 다에 사용된다. 반면에 관계대명사 jenž는 주로 문어체, 특히 공식적 표현에 사용된다.

예문

Tento skvělý vynález vědy, jenž(který)by měl lidem sloužit, byl hned od počátku zneužit k válečným účelům.
사람들에게 이바지되어야 했던 과학의 이러한 훌륭한 발명이 처음부터 곧 전쟁의 목적으로 악용되었다.

3. 체코어의 수동태

앞 과에서 설명하였듯이 수동문은 být동사의 현재/과거/미래변화형 + 본동사의 수동분사형으로 만들어 진다. 불완료체 동사나 완료체 동사 중에서 타동사가 수동분사형을 만들 수 있는데 이는 과거형 어간에 주어의 성과 수에 일치하는 어미를 선택적으로 첨가시킴으로써 만들어 진다.

1. 유형별 수동 분사형을 만드는 방법

1) -at로 끝나는 동사는 -án이라는 어간을 붙여서

예문

udělal > udělán / -a / -o / -i / -y / -a
napsal > napsán / -a / -o / -i / -y / -a
psal > psán / -a / -o / -i / -y / -a

2) 동사원형이 -nout 혹은 -ít / -ýt로 끝나는 동사는 -t라는 어간을 붙여서 수동분사를 만든다.

예문

pil > pit / -a / -o / -i / -y / -a
vypil > vypit / -a / -o / -i / -y / -a
minul > minut / -a / -o / -i / -y / -a
prominul > prominut / -a / -o / -i / -y / -a

3) 대부분의 다른 동사들은 -en을 붙여 수동분사를 만든다.

예문

nesl > nesen, přinesl > přinesen, vedl > veden, uviděl > uviděn

2. 예외들

예문

četl > čten, přečetl > přečten, vedl > veden, viděl > viděn, uviděl > uviděn

◐ −it(드물게는−et)로 끝나는 몇몇 동사들은 수동분사형 파생 시 자음변이가 일어난다.

s > š: prosit−prošen, z > ž: vozit > vožen, t > c: platit−placen, d > z: hodit−hozen,
st > šť: čistit−čištěn, zd > žď: zpozdit−zpožděn, sl > šl: myslet−myšlen

Kniha je špatně přeložena. 책은 잘못 번역되었다.
Syn je milován matkou. 아들은 어머니에 의해 사랑 받는다.
Kniha bude vytištěna. 책이 인쇄될 것이다.
Ty dopisy byly přepsány sekretářkou.
이 편지들은 비서에 의해 쓰여졌다.
Ženy jsou unaveny. 여자들은 피곤하다.
Okna jsou zavřena. 유리창이 닫혀 있다.

4. co＋형용사의 최상급 혹은 부사의 최상급

이때 co는 의문대명사가 아닌 접사의 역할을 한다.

Přijdu co nejdříve. 내가 가장 먼저 오겠어.

3단계

표 현 따 라 하 기 🎧

• 체코국가

Kde domov můj?
나의 조국은 어디에?

Kde domov můj, kde domov můj?
Voda hučí po lučinách,
bory šumí po skalinách,
v sadě stkví se jara květ,
zemský ráj to na pohled!
A to je ta krásná země,
země česká, domov můj,
země česká, domov můj!

나의 조국은 어디에, 나의 조국은 어디에?
물이 초원을 따라 흐르고
숲이 바위를 따라 속삭이네
과수원엔 봄의 꽃들이 피어나니
저 지상의 천국을 보라!
아름다운 땅이로구나
체코의 땅, 나의 조국
체코의 땅, 나의 조국

4 단계

체코어로 말하기

회화 1

• Petře, nechceš, abychom šli večer do divadla?
  빼트르제 네흐쩨슈 아비홈 슐리 베췌르 도 지바들라
  빼뜨르야, 우리 저녁에 극장에 가지 않을래?

• Slyšel jsem, že ta nová hra je velmi dobrá.
  슬리쉘 쎔 줴 따 노바 흐라 예 벨미 도브라
  그 새 연극이 아주 좋다고 들었어.

• Dobře, rád bych šel, ale ještě nevím, jestli budu moct.
  도브르제 랏 비흐 쉘 알레 예슈쩨 네빔 예스뜰리 부두 모쯔뜨
  좋아. 가고 싶은데 아직 갈 수 있을지 모르겠어.

- Nepůjčil bys mi do zítřka několik stovek?

  네뿌이췰 비스 미 도 지트르슈까 녜꼴릭 스또벡

  내일까지 몇 백 크라운을 빌릴 수 있을까?

- Rád bych koupil dárek manželce, ale nemám u sebe tolik peněz.

  랏 비흐 꼬우삘 다렉 만젤쩨 알레 네맘 우 쎄베 똘릭 뻬녜스

  부인에게 선물을 사주고 싶은데 내게 돈이 충분히 없어.

- To víš, že ti půjčím.

  또 비슈 줴 찌 뿌이췸

  빌려주고 말고.

회화 3

- Kde bych si mohla koupit nějaké pěkné oblečení na léto?

  그데 비흐 씨 모흘라 꼬우삣 녜야께 삐예끄네 오블레췌니 나 레또

  여름에 입을 예쁜 옷을 어디에서 살 수 있을까?

  Nic není nikde k dostání.

  니쯔 네니 니그데 그 도스따니

  아무 데도 없는데.

- Viděla jsem takový pěkný obchod u nádraží.

  비젤라 쎔 따꼬비 삐예끄니 오프홋 우 나드라쥐

  역 근처에서 아주 예쁜 상점을 보았는데.

  Určitě tam něco najdeš podle svého přání.

  우르취쩨 땀 녜쪼 나이데슈 뽀들레 스베호 프르자니

  너가 원하는 것을 거기에서 반드시 찾을 수 있을 거야.

함께 연습하기

1. 다음 두 문장을 관계대명사 který를 이용하여 한 문장으로 만드세요.

   1) Jan je můj český kamarád. On má rád korejské jídlo.
   2) Petr bydlí v Praze. Praha je známá starou architekturou.
   3) Maminka se dívá na televizi. Tatínek ji koupil dnes ráno.
   4) Rád hovořím o politice. Politika je moje oblíbené téma na rozhovor.

2. 다음 문장을 수동문으로 만드세요.

   1) Maminka vaří oběd.
   2) Anton píše Jance dopis.
   3) Vidím řeku z daleka.
   4) Pavel utratil dost peněz v kasinu.

3. 다음을 체코어로 옮기시오.

   1) 나는 이번 여름에 체코에 가기 위해 돈을 저축한다.
   2) 너가 돌아오기를 바란다.
   3) 맥주가 다 비었다. (수동문)
   4) 가장 일찍 일어나는 사람에게 선물을 주겠다.(já)

• 아름다운 프라하도 식후경 ─ 체코의 음식

프라하의 체코 음식은 값이 싸고 맛이 좋다. 이웃나라 독일이나 오스트리아와 비교하면 체코 음식은 아무거나 다 맛있을 정도이며, 종류도 아주 다양하다. 패스트 푸드에 식상한 식도락가라면 슬로우 푸드가 지배적인 다양한 체코 메뉴를 즐기자. 꼴레나(kolena)라고 하는 돼지 족발은 흰 거품이 넘치는 질 좋고 향기 좋은 맥주 한잔과 잘 어울린다. 서양음식에 식상한 사람은 시내에 있는 한국 식당에서 된장찌개나 김치찌개, 혹은 일식으로 식욕을 만회할 수 있다. 그 외에 권하고 싶은 것은 멕시코 식당과 이태리 식당의 요리이며, 요리의 천국인 그리스나 터키음식도 즐길 만하다. 또 40여 개의 중국 식당에서도 식도락을 만끽할 수 있다.

고급요리를 즐기려면 스메타나 음악당이 있는 아름다운 '시민회관' 1층에 있는 프랑스 식당에서 우아하게 저녁을 먹으며 예술적인 분위기를 느낄 수 있다. 또는 시내 곳곳의 캄파 등 관광명소에 있는 고급 술집과 레스토랑에서 식도락가가 되어 볼 수도 있고, 선술집에서 즉흥 연주를 즐기며 프라하 시민이나 세계의 방랑자 여행객들과 인생을 논하는 재미도 쏠쏠하다. 그리고 이웃나라 오스트리아나 헝가리, 슬로바키아에 못지않은 적포도주와 백포도주 맛을 즐기려면 체코산이나 모라비아산 포도주를 주문하기 바란다. 물론 체코인 얀 크로쯔(Jan Kroc)가 시카고에서 창립한 맥도날드의 프라하 분점이나 KFC 등에서 인스턴트 음식으로 요기를 면할 수도 있으며, 수많은 카페에서 세계의 떠돌이들과 친교를 나눌 수도 있다. 혹은 구시가지 광장과 무스텍 지하철 중간 지점의 하벨스카 거리에 있는 하벨 야외시장(Havelský trh)에서 질 좋고 값싼 과일 등을 사서 즐기거나, 바로 옆 하벨성당 앞에 있는 체코 요리집 체스카 쿠히네(Česká kuchyně, Havelská 15번지)에서 값싼 체코 전통 요리 뷔페를 시도해보자. 이곳에서는 100 ─ 150kc(7000 ─ 10,000원)면 맥주 한잔과 요리 두세 개 정도를 즐길 수 있다. 그리고 시내 중심지에서 지하철 한두 개 역만 벗어나면 거의 모든 선술집이나 식당에서 아주 싸고 질 좋은 맥주와 음식을 즐길 수 있다. 운이 좋으면 시간대에 따라 토플리스 웨이스트리스가 흰 거품 넘치는 맥주를 들고 와서 권하는 것을 맛보며 짜릿한 기분을 느낄 수도 있다. 시내 중심지에서 관광객들을 유혹하는 대부분의 식당과 선술집은 상대적으로 비싼 편이다.

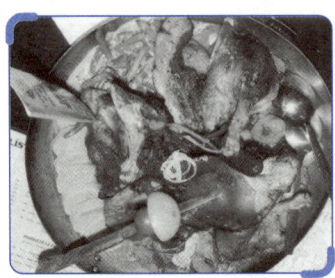

12

Večeře?

저녁식사

Když přišla Jana ze školy domů, řekla mamince.
그디슈 프르지슐라 야나 제 슈꼴리 도무 쉐끌라 마민쩨

: "Já už mám velkej hlad."
야 우슈 맘 벨께이 흘랏

Maminka : "Počkej, až se vrátí tatínek, pak se najíme všichni."
마밍까 뽀츄께이 아슈 쎄 브라찌 따찌넥 빡 쎄 나이메 프쉬흐니

Jana : "Co jsi uvařila dobrýho?"
야나 쪼 씨 우바르질라 도브리호

Maminka : "Bramborovou polívku a vepřový se zelím a knedlíkem."
마밍까 브람보로보우 뽈리프꾸 아 베프르조비 쎄 젤림 아 끄네들릭껨

Jana : "Tohle vaříš výborně. Snad ti to všechno nesním jenom já."
야나 또흘레 바르지슈 비보르녜 스낫 찌 또 프쉐흐노 네스님 예놈 야

Maminka : "Někdo zvoní. Zdá se mi, že už je to tatínek."
마밍까 녜그도 즈보니 즈다 쎄 미 쉐 우슈 예 또 따찌넥

Jana : "No, jasně, tati, pojď rychle ke stolu, než ti to všechno sním."
야나 노 야스녜 따찌 뽀잇 리흘레 께 스똘루 네슈찌 또 프쉐흐노 스님

야나가 학교에서 집으로 돌아왔을 때 엄마에게 말한다.
"엄마 나 배가 많이 고파."
"아빠 오실 때까지 기다려, 그 다음에 우리 모두 먹자."
"뭐 좋은 것 요리했어?"
"감자 스프와 양상치와 덤플링을 곁드린 돼지고기 요리야."
"엄마 그것 잘 요리하잖아. 설마 내가 다 먹어버리지 않겠지."
"누가 초인종 울리네, 아빠가 벌써 오셨나 보다."
"아, 그러네, 아빠, 내가 다 먹기 전에 빨리 식탁으로 와."

단어와 숙어 익히기

• všichni	모든 사람들
• velkej	큰(velký의 구어체형, 프라하 사투리)
• dobrýho	좋은(dobrého의 구어체형, 프라하 사투리)
• polívku	스프(polévka의 구어체형, 프라하 사투리)
• zelím	양상치(zelí)
• knedlíkem	덤플링(knedlík)
• zvoní	종을 울리다. 초인종을 누르다.

문법 따라잡기

1. 시간 접속사

když, až（미래）	～할 때	Stalo se to, když jsem nebyl doma. 내가 집에 없었을 때 일어났다. Až se vrátíš, hned mi zavolej. 돌아오면 내게 곧 전화해.
dřív(e) než, než	～보다 전에, ～전에	Skončíme jednání dřív, než začne banket. 우리는 연회가 시작하기 전에 미팅을 마칠 것입니다. Než přijdeš, bude oběd hotový. 도착하기 전에 점심이 준비되어 있을 것이다.
jakmile, hned jak	～하자마자	Přijedu domů, jakmile skončím. 끝나자마자 나는 집에 오겠다.
kdykoliv(v), vždycky když	～할 때마다	Budu mít radost, kdykoliv přijdeš. 네가 올 때마다 나는 기뻐할 거다.
zatímco	～하는 동안	Zatímco ty budeš v kanceláři, já půjdu nakoupit. 네가 사무실에 있는 동안 나는 물건을 사러 가겠다.

dokud	~할 때까지	Dokud nedostanu pozvání, nepůjdu. 초대를 받을 때까지 나는 가지 않겠다.

2. 체코어의 문어체와 구어체

구어체는 많은 언어들이 그러하듯 간편하고 쉽게 말하고자 하는 경향을 가지고 있어 문법에 충실한 문어체와는 차이를 보인다. 특히 체코어의 경우 300여 년간(1620-1918) 독립을 잃어 문어체가 정상적으로 발달하지 못해 구어체와의 그 차이가 심하다. 다음은 그의 대표적인 몇몇 예이다. 단어들도 구어체 형태가 존재하는 경우가 많이 있다.

1) 형용사 복수 주격(남성)의 격어미가 문어체는 −í인 반면에 구어체는 단수와 같이 −ý이다. 형용사 복수 대격(남성)인 경우 문어체는 −é인 반면에 구어체는 구어체 주격과 같은 −ý이다.

예문

문어체	구어체
Jsou to dobří doktoři. Máme dobré doktory.	Jsou to dobrý doktoři. Máme dobrý doktory.

2) 형용사가 문어체 복수에서 −ští, −čtí였던 것이 구어체에서는 단수의 형태 −ský, −cký를 그대로 유지한다.

문어체	구어체
Na konferenci byli čeští novináři. Afričtí delegáti zůstanou tady týden.	Na konferenci byli český novináři. Africký delegáti tady zůstanou tejden.

3) 남성명사를 수식하는 형용사의 주격, 대격의 격어미 −ý가 구어체에서는 −ej가 되며 중성명사를 수식하는 형용사의 주격, 대격의 격어미 −é가 구어체에서는 −ý가 된다.

문어체	구어체
To je krásný dům.	To je krásnej dům.
Mám velký stůl.	Mám velkej stůl.
To je velmi dobré pivo.	To je velmi dobrý pivo.

3. 모든 것을 뜻하는 대명사 všechen의 변화

자세한 격변화는 문법 편람 도표를 참조하며 여기서는 가장 많이 쓰이는 용례들을 통해 그 변화를 살펴본다. 단수의 격변화는 대체로 co의 변화형과 비슷하고 복수의 격변화는 ten과 유사하다. 대명사 všechen은 독립적으로 쓰이거나 명사를 수식할 수도 있다.

예문

Všichni tam byli. 모든가 그곳에 있었다. (남성 복수 주격)

Všechno tam bylo. 모든 것이 그곳에 있었다. (중성 단수 주격)

Nevím všechno(vše). 나는 모든 걸 다 알지 못한다. (중성 단수 대격)

Já vím všechno, co víš ty.

나는 네가 알고 있는 모든 것을 안다. (중성 단수 대격)

Četl jsi všechny tyto knihy? 그 책 모두를 읽었니? (여성 복수 대격)

Číšník podal všem skleničku.

웨이터가 모두에게 잔을 건네주었다. (남성 복수 여격)

Všemu rozumím. 나는 다 이해한다. (중성 단수 여격)

O všem vím. 나는 모든 것에 대해 알고 있다. (중성 단수 전치격)

4. 주어가 없는 문장

체코어에는 다음처럼 주어가 없는 문장들이 있다. 이러한 문장 중 사람이 주체인 경우 그 주체를 여격을 활용하여 표현한다.

현재	과거
Je mi zima. Je mi teplo. Je mi špatně. Je mi dobře. Je tam krásně. Je pět hodin. Je mi 20 let.	Bylo mi zima. Bylo mi teplo. Bylo mi špatně. Bylo mi dobře. Bylo tam krásně. Bylo pět hodin. Bylo mi 20 let.

5. 불한정 대명사와 부사 그리고 부정 대명사와 부사의 활용

> ● ně - (불한정), ni - (부정)

někdo 누군가	Někdo tady je. 누군가 있다.	nikdo 아무도	Nikdo tady není. 아무도 여기 없다.
něco 무언가	Něco tady je. 무언가 여기 있다.	nic 아무것도	Není tam nic. 아무것도 거기에 없다.
někde 어딘가에	Někde to je. 어딘가에 그것이 있다.	nikde 아무데도	Petr nikde není. 뻬뜨르는 아무데도 없다.
někam 어딘가로	Někam půjdeme. 어딘가로 우리는 간다.	nikam 아무데로도	Nikam nepůjdu. 아무데로도 안간다.
někdy 때때로	Někdy přijde. 때때로 온다.	nikdy 절대로, 결코	Nikdy nic neví. 결코 아무것도 모른다.
nějak 어떻게든	Nějak to uděláme. 어떻게든 그것을 해본다.	nijak 어떤 방법으로도	Nijak to nejde. 어떤 방법으로도 안된다.
nějaký 어떤~	Vidím nějakou ženu. 나는 어떤 여자가 보인다.	žádný 아무~	Žádná kniha tady není. 아무 책도 여기 없다.
některý 어떠한~	Některý víkend přijedu. 다른 주말에 올게요.	žádný 아무~	Žádný kamarád není vysoký. 아무 친구도 크지 않다.
odněkud 어딘가로부터	Odněkud se známe. 어딘가로부터 우리는 압니다.	odnikud 아무데로부터	Odnikud nikdo nejde. 아무데서도 아무도 오지 않는다.

* 부정 대명사와 부사는 동사의 부정과 같이 쓰인다.

표현 따라하기

• 사용 빈도가 높은 체코어 숙어

• Co je to za člověka?	그 사람 도대체 누구냐?
• Co je vám do toho?	당신이 무슨 상관이시죠?
• Do toho vám nic není.	당신이 상관할 바가 아니에요.
• Je to k smíchu.	그건 웃음거리야.
• Bylo mi do pláče.	난 눈물이 날 지경이었다.
• Je po něm.	그는 끝장났어.
• Bylo nebylo.	옛날 옛날에
• Mám práce nad hlavu.	나는 할 일이 태산이다.
• Mám po práci.	나는 일을 다 끝냈다.
• To nejde.	그건 불가능해.
• Jde to dobře.	잘 돼가고 있어.
• Jdi pryč!	꺼져!
• Chodím za školu.	난 농땡이 부린다.
• To se nedá nic dělat.	할 수 없다. (그건 될 수 없다).
• Dej mi pokoj.	날 가만둬!
• Co tomu říkáte?	그것 어떻게 생각하세요?
• Vidím mu do duše.	나는 그의 생각을 금방 알아낸다.
• Co nevidět.	순식간에
• Něco mi schází.	나는 상태가 좋지 않다.
• Nemohu za to.	그건 내 잘못이 아니야. (어쩔 수 없었어)

체코어로 말하기 🎧

회화 1

• Jak to, že jsi včera nepřišla? 어떻게 어제 안 왔어?
  약 또 쩨 씨 프췌라 네프르지슐라

• Chtěla jsem ti zatelefonovat, ale zapomněla jsem na to.
  흐쩰 쎔 찌 자뗄레포노밧 알레 자뽐므녤라 쎔 나 또

네게 전화하려고 했는데 잊어버렸어.

• Škoda, že jsi nepřišla. Bylo tam opravdu nádherně.
  슈꼬다 쩨 씨 네프르지슐라 빌로 땀 오쁘라브두 낫헤르녜

유감이야. 정말 훌륭했는데.

회화 2

• Kdy přijdeš? 너는 언제 올거니?
  그디 프르지이데슈

• Až v jedenáct v noci. 밤 11시에나.
  아슈 브 예데나쯔뜨 브 노찌

• Mám na tebe počkat na nádraží? 내가 역에서 기다릴까?
  맘 나 떼베 뽀츄깟 나 나드라쥐

• Nemusíš, vezmu si taxi. 그럴 필요 없어. 택시 탈거야.
  네무씨슈 베즈무 씨 딱씨

회화 3

• Hledáte něco? 무얼 찾으십니까?
  흘레다떼 녜쪼

• Nemůžu najít automat na lístky. 표 자동발매기를 찾을 수가 없네요.
  네무쮸 나잇 아우또맛 나 리스뜨끼

• Nevíte, prosím, kde je? 어디에 있는지 모르세요?
  네비떼 쁘로씸 그데 예

• Tamhle vzadu. 저기 뒤에 있습니다.
  땀흘레 브자두

• Děkuju, už ho vidím. 감사합니다. 보입니다.
  제꾸유　　우슈　호　　비짐

함께 연습하기

1. 다음 괄호 안에 알맞은 시간 접속사를 넣으세요.(2개 이상 답 가능)

   1) Objednám kávu, (　　) přijdeš.
   2) Pojedeme, (　　) zaplatím za benzín.
   3) (　　) přijedu do Prahy, budu bydlet v hotelu Evropa.
   4) (　　) uvidíme motorest, zastavíme a uděláme si přestávku.

2. 다음 괄호 안의 대명사를 알맞은 형태로 고치세요.

   1) Mluvili jsem spolu o (všechno).
   2) Neboj se, vzal jsem (všechno).
   3) Se (všechno) jsem spokojený.
   4) Řekl jsem to (všichni kolegové).

3. 다음 괄호 안에 알맞은 대명사를 고르세요.

   1) Je tam ještě (někdo, nikdo)?
   2) Půjdeš tam ještě (někdy, nikdy)?
   3) Čteš (něco, nic)?
   4) Čekáš na (někoho, nikoho)?

4. 다음 문장을 체코어로 옮기시오.

   1) 나는 집에 가자마자 친구에게 전화를 했다.
   2) 학생들 모두가 소풍을 갔다.
   3) 어제 밤에 나는 아주 추웠다.
   4) 나는 할 일이 태산이다.

체코 문화와의 만남

• 체코 에티켓 – 인사하기

　체코에서 지켜야할 기본적인 에티켓 중 하나는 '인사하기'이다. 인사하기는 마치 하나의 공식처럼 지켜지는데, 흔히 어색하기 쉬운 엘리베이터에서도 서로 인사를 함으로써 어색한 분위기를 없애곤 한다. 그러나 원래 체코 사회에서는 모르는 사람한테는 공공장소에서 인사를 하지 않은 게 관습이다. 상대방을 만날 때 가장 일상적인 인사말은 "Dobrý den!"(도브리 덴)이라는 말이다. 문자 그대로는 '좋은 날(Good day)'이라는 말이지만, "안녕하세요!"쯤으로 보면 된다. 이 말은 하루의 어느 때라도 사용할 수 있지만, 이를 구분해 아침에는 "Dobré ráno!(도브레 라노: 좋은 아침입니다!)" 오후에는 "Dobré odpoledne!(도브레 오뜨뽈레드네: 좋은 오후입니다!)" 등을 사용하기도 한다. 친한 사이에는 "Nazdar!"(나즈다르)이나 "Ahoj!"(아호이) 혹은 "Čau!"(차우) 등과 같은 인사말을 한다. 특히 "차우"는 헤어질 때도 자주 사용한다.

　이 인사말을 들었을 경우에는 똑같이 반복해 상대방에게 인사하며, 이와 더불어 "Jak se máte?(약 세마떼: 어떻게 지내세요? How do you do?)"라든가 가까운 사이에는 "Jak se máš?"(약 세마쉬; How are you?) 혹은 "Jak to jde?"(약 또 이데) 나 "Jak se daří?"(약 세다르지) 혹은 "Tak co (je nového)?"(딱 쪼예 노베호)와 같은 인사말을 건넨다.

　헤어질 때도 역시 "Na shledanou!"(나스흘레다노)라는 인사말을 건네는데, 문자 그대로는 "다시 만날 때까지!"이지만 "안녕히 가세요(계세요)!"의 의미이다. 친한 사이일 경우에는 만날 때 사용했던 "Ahoj" 혹은 "Čau"를 사용한다. 이런 인사말 뒤에 "Mějte se hezky!"(므녜이떼 세 헤스끼)라는 말을 덧붙여 "잘 지내세요!"라고 한다.

　다른 사람들과 대화를 할 때는 상대방의 눈을 응시하고 조용한 목소리로 이야기해야 하며, 중간에 말을 끊어서는 안 된다. 물론 다른 사람의 주위를 끌기 위해 휘파람을 불거나 야유를 하는 등의 행동도 눈살을 찌푸리게 만든다. 대화의 주제는 다양하지만, 일반적으로 정치나 종교에 관한 주제는 삼가는 것이 좋다. 종교나 정치가 그들에게 남겨준 상처가 아직도 치유되지 않았기 때문인데, 흔히 체코인들과 이야기할 때, 정치나 종교에 관한 주제가 나오면 얼른 다른 주제로 돌리려고 한다. 특히 체코인들을 러시아인들과 비슷하다니 하는 말은 절대로 삼가야한다. 우리나라 사람한테 일본인과 비슷하다고 느낄 때의 감정과 비슷하다. 이들이 가장 선호하는 주제 중 하나는 문화인데, 체코인들은 자신들의 문화와 예술을 자랑하고 싶어하며, 동시에 이국적인 문화에 대한 관심도 대단히 높다. 참고로 체코사람들은 한 아파트에 살아도 모르는 사이면 대개 승강기나 현관 등에서 만나도 서로 인사를 하지 않는 게 필자에게는 이상하게 보였다. 물론 대중식당, 술집, 극장 로비, 길거리에서 모르는 사람끼리는 인사하지 않는다. 미국은 친절하게 인사하는 데 독일 등 유럽은 좀 다른 것 같다.

꿩먹고 알먹는
체코어 첫걸음

부 록

체코어 문법편람 도표
연습문제 해답
체코-한국어 사전
체코 노래

체코어 문법편람 도표

1. 명사 격변화

남성 생물명사(단수)			
남성생물(자음으로 끝나는)		남성생물(모음으로 끝나는)	
주격 pán	muž	předseda	soudce
생격 pán-a	muž-e	předsed-y	soudc-e
여격 pán-ovi	muž-i(ovi)	předsed-ovi	soudc-i
대격 pán-a	muž-e	předsed-u	soudce
호격 pán-e!	muž-i!	předsed-o!	soudc-e!
전치격 o pán-ovi	muž-i(ovi)	předsed-ovi	soudc-i
조격 pan-em	muž-em	předsed-ou	soudc-em

남성 생물명사(복수)			
남성생물(자음으로 끝나는)		남성생물(모음으로 끝나는)	
주격 pán-i	muž-i	předsed-ové	soudc-i
생격 pán-ů	muž-ů	předsed-ů	soudc-ů
여격 pán-ům	muž-ům	předsed-ům	soudc-ům
대격 pán-y	muž-e	předsed-y	soudce
호격 pán-i!	muž-i!	předsed-ove!	soudc-e!
전치격 o pán-ech	muž-ích	předsed-ech	soudc-ích
조격 pán-y	muž-i	předsed-y	soudc-i

남성 무생물명사(단수)	
주격 hrad	stroj
생격 hrad－u	stroj－e
여격 hrad－u	stroj－i
대격 hrad	stroj
호격	
전치격 o hrad－u, na hradě	stroj－i
조격 hrad－em	stroj－em

남성 무생물명사(복수)

주격	hrad – y	stroj – e
생격	hrad – ů	stroj – ů
여격	hrad – ům	stroj – ům
대격	hrad – y	stroj – e
호격		
전치격	hrad – ech	stroj – ích
조격	hrad – y	stroj – i

여성명사(단수)

주격	žena	růže	kost	píseň
생격	žen – y	růže	kost – i	písn – ě
여격	žen – ě	růž – i	kost – i	písn – i
대격	žen – u	růž – i	kost	píseň
호격	žen – o!			
전치격	o žen – ě	o růž – i	o kost – i	písn – i
조격	žen – ou	růž – í	kost – í	písn – í

여성명사(복수)

주격	žen – y	růže	kost – i	písn – ě
생격	žen	růž – í	kost – í	písn – í
여격	žen – ám	růž – ím	kost – em	písn – ím
대격	žen – y	růže	kost – i	písn – ě
호격	žen – y !			
전치격	o žen – ách	o růž – ích	o kost – ech	písn – ích
조격	žen – ami	růž – emi	kost – mi	písn – ěmi

중성명사(단수)

주격	město	moře	stavení	kuře
생격	měst – a	moře	stavení	kuř – ete
여격	měst – u	moř – i	stavení	kuř – eti
대격	město	moře	stavení	kuře
호격				
전치격	o měst – u / ě	moř – i	stavení	kuř – eti
조격	měst – em	moř – em	stavením	kuř – etem

중성명사(복수)			
주격	měst − a	moře	stavení	kuř − ata
생격	měst	moř − í	stavení	kuř − at
여격	měst − ům	moř − í,	staven − ím	kuř − atům
대격	měst − a	moře	stavení	kuř − ata
호격				
전치격	o měst − ech	moř − ích	staveních	kuř − atech
조격	měst − y	moř − i	staven − ími	kuř − aty

2. 형용사 격변화

형용사 경변화 단수(mladý, mladá, mladé)		
남성	여성	중성
주격 mlad − ý	mlad − á	mlad − é
생격 mlad − ého	mlad − é	mlad − ého
여격 mlad − ému	mlad − é	mlad − ému
대격 mlad − ého(생물)	mlad − ou	mlad − é
nov − ý(무생물)		
전치격 o mlad − ém	mlad − é	mlad − ém
조격 mlad − ým	mlad − ou	mlad − ým

형용사 경변화 복수(mladí, mladé, mladá)		
남성	여성	중성
주격 mlad − í(생물)	mlad − é	mlad − á
nov − é(무생물)		
생격 mlad − ých	mlad − ých	mlad − ých
여격 mlad − ým	mlad − ým	mlad − ým
대격 mlad − é	mlad − é	mlad − á
전치격 o mlad − ých	mlad − ých	mlad − ých
조격 mlad − ými	mlad − ými	mlad − ými

형용사 연변화 단수(moderní, moderní, moderní)		
	남성	여성	중성
주격	moderní	moderní	moderní
생격	modern – ího	moderní	modern – ího
여격	modern – ímu	moderní	modern – ímu
대격	moderního(생물) moderní(무생물)	moderní	moderní
전치격	o modern – ím	moderní	modern – ím
조격	modern – ím	moderní	modern – ím

형용사 연변화 복수(moderní, moderní, moderní)		
	남성	여성	중성
주격	moderní	moderní	moderní
생격	modern – ích	modern – ích	modern – ích
여격	modern – ím	modern – ím	modern – ím
대격	moderní	moderní	moderní
전치격	o modern – ích	modern – ích	modern – ích
조격	modern – ími	modern – ími	modern – ími

소유형용사 단수(otcov, – a, – o / matčin, – a, – o)		
	남성	여성	중성
주격	otcův	otcov – a	otcov – o
생격	otcov – a	otcov – y	otcov – a
여격	otcov – u	otcov – ě	otcov – u
대격	otcov – a(생물) otcův(무생물)	otcov – u	otcov – o
전치격	o otcov – ě	otcov – ě	otcov – ě
조격	otcov – ým	otcov – ou	otcov – ým

소유형용사 복수(otcovi, −y, −a/ matčini, −y, −a)		
	남성	여성	중성
주격	otcov−i(생물) otcov−y(무생물)	otcov−y	otcov−a
생격	otcov−ých	otcov−ých	otcov−ých
여격	otcov−ým	otcov−ým	otcov−ým
대격	otcov−y	otcov−y	otcov−a
전치격	o otcov−ých	o otcov−ých	otcov−ých
조격	otcov−ými	otcov−ými	otcov−ými

3. 대명사

인칭대명사 1,2인칭과 재귀대명사				
단수		복수		재귀대명사
1인칭	2인칭	1인칭	2인칭	
주격	já	ty	my	vy	
생격	mne, mě	tebe, tě	nás	vás	sebe, se
여격	mně, mi	tobe, ti	nám	vám	sobě, si
대격	mne, mě	tebe, tě	nás	vás	sebe, se
전치격	o mně	tobě	nás	vás	sobě
조격	mnou	tebou	námi	vámi	sebou

인칭대명사 3인칭(단수)		
	남성	여성	중성
주격	on	ona	ono
생격	jeho, ho, jej, něj	jí, ní	jeho, ho, jej, něho
여격	jemu, mu, němu	jí, ní	jemu, mu, němu
대격	jeho, ho, jej, něj(생물) jej, ho(무생물)	ji, ní	ho, je, jej, ně
전치격	o něm	ní	něm
조격	jím, ním	jí, ní	jím, ním

인칭대명사 3인칭(복수)		
남성	여성	중성
주격 oni	ony	ona
생격	jich, nich	
여격	jim, nim	
대격	je, ně	
전치격	nich	
조격	jimi, nimi	

소유대명사 můj, tvůj, svůj(단수)		
남성	여성	중성
주격 můj	má, moje	mé, moje
생격 mého	mé, mojí	mého
여격 mému	mé, mojí	mému
대격 mého(생물) můj(무생물)	mou, moji	mé, moje
전치격 o mém	mé, mojí	mém
조격 mým	mou, mojí	mým

소유대명사 můj, tvůj, svůj(복수)		
남성	여성	중성
주격 mí, moji(생물) mé, moje(무생물)	mé, moje	má, moje
생격 mých	mých	mých
여격 mým	mým	mým
대격 mé, moje	mé, moje	má, moje
전치격 mých	mých	mých
조격 mými	mými	mými

소유대명사 náš, váš (단수)		
남성	여성	중성
주격 náš	naše	naše
생격 našeho	naší	našeho
여격 našemu	naší	našemu
대격 našeho(생물)	naši	naše
náš(무생물)		
전치격 našem	naší	našem
조격 naším	naší	naším

소유대명사 náš, váš(복수)		
남성	여성	중성
주격 naši(생물)	naše	naše
naše(무생물)		
생격	našich	
여격	našim	
대격	naše	
전치격	našich	
조격	našimi	

소유대명사 její (단수)		
남성	여성	중성
주격 její	její	její
생격 jejího	její	jejího
여격 jejímu	její	jejímu
대격 jejího(생물)	její	její
její(무생물)		
전치격 jejím	její	jejím
조격 jejím	její	jejím

소유대명사 její(복수)		
남성	여성	중성
주격	její	
생격	jejích	
여격	jejím	
대격	její	
전치격	jejích	
조격	jejími	

지시대명사 ten, ta, to(단수)		
남성	여성	중성
주격	ten	ta	to
생격	toho	té	toho
여격	tomu	té	tomu
대격	toho(생물) ten(무생물)	tu	to
전치격	o tom	té	tom
조격	tím	tou	tím

지시대명사 ten, ta, to(복수)		
남성	여성	중성
주격	ti(생물) ty(무생물)	ty	ta
생격	těch	těch	těch
여격	těm	těm	těm
대격	ty	ty	ta
전치격	o těch	těch	těch
조격	těmi	těmi	těmi

지시대명사 všechen, všechna, všechno / vše (단수)		
남성	여성	중성
주격 všechen	všechna	všechno, vše
생격 všeho	vší	všeho
여격 všemu	vší	všemu
대격 všechen	všechnu / vši	všechno, vše
전치격 všem	vší	všem
조격 vším	vší	vším

지시대명사 všechen, všechna, všechno / vše (복수)		
남성	여성	중성
주격 všichni všechny	všechny	všechna
생격	všech	
여격	všem	
대격 všechny	všechny	všechna
전치격	všech	
조격	všemi	

의문대명사 kdo, co	
kdo	co
주격 kdo	co
생격 koho	čeho
여격 komu	čemu
대격 koho	co
전치격 o kom	čem
조격 kým	čím

4. 동사

1. 제1식 동사변화 (-at형 변화)

	dělat(하다)	znát(알다)	dávat(주다, 놓다)	říkat(말하다)
já	dělám	znám	dávám	říkám
ty	děláš	znáš	dáváš	říkáš
on, ona, ono	dělá	zná	dává	říká
my	děláme	známe	dáváme	říkáme
vy	děláte	znáte	dáváte	říkáte
oni, ony, ona	dělají	znají	dávají	říkají

2. 제2식 동사변화 (-it, -et, -ět형 변화)

	mluvit	házet	rozumět
já	mluvím	házím	rozumím
ty	mluvíš	házíš	rozumíš
on, ona, ono	mluví	hází	rozumí
my	mluvíme	házíme	rozumíme
vy	mluvíte	házíte	rozumíte
oni, ony, ona	mluví	házejí	rozumějí

3. 제3식 동사변화

	pracovat	číst	psát	pít	moci	prominout
já	pracuju / i	čtu	píšu / i	piju / i	můžu / mohu	prominu
ty	pracuješ	čteš	píšeš	piješ	můžeš	promineš
on, ona, ono	pracuje	čte	píše	pije	může	promine
my	pracujeme	čteme	píšeme	pijeme	můžeme	promineme
vy	pracujete	čtete	píšete	pijete	můžete	prominete
oni, ony, ona	pracujou / í	čtou	píšou / í	pijou / í	můžou / mohou	prominou

연습문제 해답

1

1. 남성, 중성, 여성, 남성, 중성, 여성, 여성, 여성, 남성, 남성, 중성, 여성

2. dobrý, krásná, nové, velké, drahé, starý

3. ten, ta, to, ten, ta, to

4. moje / ma, tvoje / tva, naše, váš, moje / má, náš

5. 1) To je moje / má matka.
   2) To je můj stůl.
   3) Jsme doma.
   4) To je krásná zahrada.

2

1. 1) mé maminky
   2) našeho psa
   3) českého inženýra
   4) krásné ženy
   5) Pražského hradu
   6) Korejské republiky

2. 1) krásného parku
   2) naše školy
   3) hlavního města
   4) cukru

3. 1) Barva řeky je krásná.
   2) Okno mého pokoje je velké.
   3) Vpravo je kniha našeho profesora.
   4) To je taška našeho studenta.

3

1. 1) krásnou hudbu
   2) český jazyk a literaturu
   3) strýčka a tetu
   4) kytaru a klavír

2. 1) tebe
   2) Prahu
   3) hodinu

3. 1) mluví
   2) leží
   3) studuje
   4) zná

4. 1) Znám Rakousko dobře.
   2) Jana mluví korejsky dobře.
   3) Maminka pracuje v obchodě.
   4) Můj otec má rád kávu.

4

1. 1) profesora
   2) kamaráda
   3) školy
   4) mapy

2. 1) sestře
   2) mamince
   3) bratrovi
   4) paní učitelce

3. 1) ti
   2) vám
   3) mi

4) němu

5) nim

4. 1) Můj kamarád je z Číny.

2) Otec někdy pomáhá matce v kuchyni

3) Jdu na návštěvu k sestře.

4) Zítra jdeme do parku.

1. 1) noví učitelé

2) korejské studentky

3) velká okna

4) čerstvé rohlíky

2. 1) třicet pět

2) šest set sedmdesát dva

3) tisíc devět set padesát tři

4) sto dvacet pět tisíc šest set třicet čtyři

3. 1) sobě

2) se

3) si

4) si

4. 1) Dvě krásné kočky jsou v pokoji.

2) Můj bratr je nejsilnější ve škole.

3) Druhá žena je moje sestra.

4) Myslím, že Janka je nemocná.

1. 1) obrazy, slovníky, obědy, lístky, dárky, chlebíčky, čaje

2) knihy, jízdenky, květiny, mapy, židle, učebnice

3) nové domy, velké obchody, známé

hotely, supermarkety

4) červené tramvaje, moderní školy, staré věže

2. 1) Čekal jsem na tebe už dlouho.

2) Měla jsem z tebe velkou radost.

3) Bydlel jsem v malém pokoji.

4) Pila bílé víno každý večer.

5) Marie fotografovala krásné domy.

6) Líbila se mi Praha.

7) Kupovali jsme často knihy(여성복수).

3. 1) Byl / a jsem ve škole.

2) Odpoledne jsem se vrátil / a domů.

3) Návštívili / y jsme Prahu.

4) Ten pokoj slouží jako obývací pokoj.

5) Naše univerzita je v Jonginu.

1. 1) svou sestrou

2) naším domem

3) Národním divadlem

4) studenou vodou

2. 1) Musím / Mám

2) Smím / Můžu, Nesmí

3) Chceš

4) umí

3. 1) Nejlépe

2) Nejméně

3) Nejchladněji

4) Nejrychleji

4. 1) Poletím do Vídně letadlem.

2) Nechci jít ven. Jsem unavený / unavená.

3) Nemůžů jít na party v neděli. Musím jít do kostela.

4) Musíš seobléct tepleji.

---

1. 1) našich přátel
   2) Karlových Varů
   3) volných lístků
   4) velkých změn
2. 1) nových trendech
   2) těch lavicích
   3) českých stadiónech
   4) mezinárodních zavodech
3. 1) Čechách
   2) Pardubicích
   3) Krkonoších
   4) Karlových Varech
4. 1) Nemám dost knih a sešitů.
   2) Kolik stojí lístek na tramvaj?
   3) Co si myslíš o mých přátelích?
   4) Učitel mluvil o nových knihách.

---

1. 1) Petr a Eva pojedou na výlet.
   2) Pan profesor opraví chyby, které dělali studenti.
   3) Už se bude těšit na další setkání.
   4) Maminka koupí maso každý den.
2. naučit se, skončit, osprchovat se, poprosit, zeptat se, vyprat, obléct, dosáhnout, dát, pokrýt

3. 1) platit, zaplatím
   2) uklidit, uklízeli
   3) číst, přečteš
   4) vybírali, nevybrali
4. 1) Zítra navštívíme babičku.
   2) Bratr se holí každý den.
   3) Hana psala dopis tři hodiny.
   4) Můj kamarád přijíždí do Soulu zítra ráno.

---

1. 1) Pavla je přivítána maminkou a Pavlem.
   2) Bude políbený na tvář.
   3) Bude potěšený dobrými zprávami.
   4) Můj pokoj byl uklizen.
2. 1) Hano, kup si pero!
   2) Jane, dej si pozor!
   3) Petře, vrať se brzo!
   4) Milane, jeď do Karlových Varů!
3. 1) nosím
   2) vede
   3) chodím
   4) ponesu
4. 1) Dveře byly otevřeny.
   2) Jirko, pospěš si!
   3) Kdybych měl / a čas, šel / šla bych s tebou.

---

1. 1) Jan je můj český kamarád, který má rád korejské jídlo.

2) Petr bydlí v Praze, která je známá
   starou architekturou.

3) Maminka se dívá na televizi, kterou
   tatínek koupil dnes ráno.

4) Rád hovořím o politice, která je mým
   oblíbeným támatem.

2. 1) Oběd je uvařen.

2) Dopis Jance je napsán.

3) Řeka je uviděna z daleka.

4) V casinu je utraceno dost peněz.

3. 1) Šetřím peníze, abych mohl / a jet letos
   v létě do Čech.

2) Přeji, aby ses vrátil / a.

3) Pivo je vypito.

4) Dám dárek tomu, která vstame
   nejdříve.

1. 1) až

2) Jakmile, až

3) až

4) až, když, jakmile

2. 1) všech

2) všeho

3) všechny

4) všem kolegům

3. 1) někdo   2) někdy

3) něco   4) někoho

4. 1) Zavolal jsem kamarádovi, jakmile
   jsem přišel domů.

2) Všichni studenti šli na výlet.

3) Včera večer mi byla velká zima.

4) Mám práce nad hlavu.

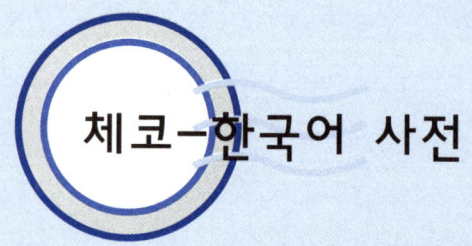

체코-한국어 사전

A a

adresa 주소(f)
architektura 건축(f)
aspirin 아스피린(m)
atraktivní 매력적인, 흥미있는
auto 자동차(n)
automat 자동판매기, 자동기계장치(m)

Á á

árie 아리아(f)

B b

babička 할머니(f)
balík 소포(m)
banka 은행(f)
banket 연회, 축연, 향연(m)
barva 색깔(f)
bát se ~두려워하다.
běhat 뛰어다니다.
benzín 기름(m)
blížit se 가까워지다, 접근하다.
blýskat se 번쩍이다, 번개치다.
bohatý 부유한
budova 건물(f)
bratr 형, 남동생, 오빠(m)
brzo, brzy 곧, 이내, 즉시, 멀지않아
bydlet 살다.
byt 아파트(m)
být ~이다, ~있다.

C c

cesta 길(f)
cestovat 여행하다.
cíl 목적, 목표(m)
cízí 다른 사람의, 이방의, 낯선
cizina 외국, 타국(f)
cizinec 외국인, 타국인(m)
co 무엇
cvičení 연습, 훈련, 트레이닝(n)

Č č

čaj 마시는 차(m)
často 자주
čekat 기다리다.
čerstvý 새로 만들어진, 신선한
český 체코의, 체코민족의, 체코인의
čeština 체코어(f)
člověk 사람, 인간(m)
Čech 체코사람(m)

D d

daleko 멀리
delegát 대표단, 사절단원(m)
den 하루, 날, 일(m)
dějepis 역사(m)
dělat ~하다.
dělník 농부(m)
dětský 어린이의, 어린 시절의
divák 관중(m)
divadlo 극장(n)
dítě 어린이(n)
divit se ~놀라다, 깜짝 놀라다.
dívka 소녀(f)
dobrý 좋은

dole 밑에

doma 집에

domácí 가정의, 가사의, 집안의

domov 집, 보금자리, 안식처, 고향, 조국(m)

dopis 편지(m)

dosahovat ~도달하다. 이르다, 미치다.

doufat 희망하다, 바라다.

dovolená 휴가(f)

drahý 비싼

druhý 제 2의, 두 번째의, 그 밖의

dřevo 나무(n)

důkladně 철저하게, 빈틈없이

dům 집(m)

duše 영혼(f)

dvůr 뜰, 마당(m)

E e

existovat 존재하다, ~있다.

F f

festival 페스티발, 축제(m)

fontána 분수(f)

H h

hezký 멋진, 예쁜, 쾌청한

historický 역사의, 역사적인

hlavní 중심의, 주요한

hodinky 손목시계(f, pl)

hodně 많이, 아주, 매우, 족히

horký 뜨거운, 더운

hospoda 술집(f)

hotel 호텔(m)

hračka 장남감(f)

hrad 성(m)

hrát 놀다, 경기하다.

hučet 속삭이다, 졸졸 흐르다. 중얼대다.

hudba 음악(f)

Ch ch

chlapec 소년(m)

chrám 사원, 예배당, 대성당(m)

chtít 원하다.

chutnat 맛이 나다, 맛이 있다.

chvíle 짧은 시간, 틈, 짬(f)

I i

informovat 알리다, 통지하다.

inženýr 공학자, 엔지니어, 기사(m)

J j

jablko 사과(n)

jakmile ~하자마자

jasný 밝은, 맑은, 명백한, 명료한

jazyk 혀, 언어, 말(m)

jazykový 혀의, 언어의

jednání 방식, 처신, 협상, 상담(n)

jenom 단지

ještě 한층 더, 더욱 더, 여전히, 지금도

jezdit 다니다, 타고 다니다.

jízdenka 차표, 승차권(f)

K k

kabát 재킷, 코트, 오버(m)

kam 어디로

kamarád 친구(m)

kanál 하수, 송수관, 운하, 텔레비젼 채널(m)

kapela 악단, 밴드, 그룹(f)

kavárna 커피숍, 다방(f)

každý 각자의, 각각의, 누구든

kdo 누구(의문사)

klasický 고전적인, 전형적인

knedlík 덤플링(m)

kniha 책(f)

knihovna 도서관, 도서실, 책장(f)

kočka 고양이(f)

kola 콜라(f)

kolem ~의 주위에, ~경

konat se 일어나다, 실행되다, 개최되다.

koncert 콘서트, 음악회(m)

konference 회담, 회의, 세미나(f)

Korea 한국(f)

Korejec 한국남자(m)

kost 뼈, 가시(f)

kostel 교회(m)

košile 와이셔츠, 셔츠(f)

koupelna 욕실, 욕탕(f)

kouřit 흡연하다.

kousek 작은 조각, 토막, 소량

krásný 아름다운

křeslo 안락의자(n)

kupovat 사다.

kurz 진로, 행로, 교과과정, 코스(m)

kuře 병아리(n)

květina 꽃, 화초

kytice 꽃다발, 부케(f)

L l

lampa 램프(f)

lázeň 온천장, 스파(f)

lehnout si 눕다, 잠자러 가다.

letadlo 비행기(n)

letos 금년에, 올해

letošní 금년의, 올해의

ležet 누워있다, 눕다, 놓여 있다.

literatura 문학(f)

lučina 초원, 풀밭(f)

luxovat 청소기 돌리다.

lyžovat 스키를 타다.

M m

major 소령, 장교, 지휘관(m)

malíř 화가, 칠장이, 페인트공(m)

maminka 엄마(f)

manžel 남편(m)

manželka 부인, 아내(f)

maso 고기(n)

město 도시(n)

míle 마일(f)

milovat 사랑하다.

minout 통과하다, 지나가다, 경과하다.

minulý 지나간, 과거의

místní 지역의, 지방의, 장소의

místnost 장소, 곳(f)

místo ~대신에

mlha 안개, 아지랑이(f)

mobil 핸드폰(m)

moc 매우, 아주 많이

moct ~을 할 수 있다.

moderní 근대의, 현대적인

moře 바다(n)

motocyklový 모터사이클의

motorest 휴게소(m)

mrznout 얼다, 추위에 떨다.

muset ~해야만 하다, ~할 필요가 있다.

muž 남자(m)

myslet 생각하다.

N n

nádherně 화려하게, 찬란하게
nádraží 역, 정거장(n)
nacházet se ~위치하다.
nakupovat 쇼핑하다.
náměstí 광장(n)
národní 국가의, 민족의
nástupiště 승강장, 플랫폼(n)
návštěva 방문(f)
nehoda 불행한 일, 사고, 재난(f)
nějaký 무슨, 어떤, 무언가의
nemoc 질병, 질환(f)
nemocnice 병원(f)
nemocný 아픈
nepořádek 혼돈, 무질서, 난잡(m)
neznámý 알지 못하는, 미지의
noc 밤(f)
novinář 기자(m)
noviny 신문(f, pl)
nový 새로운, 근래의
nula 영, 제로(f)

O o

občan 시민(m)
obchod 비즈니스, 무역, 교역, 매매(m)
obchodní 상업의, 상거래의, 매매의
objednat 주문하다, 예약하다.
objet 타고 돌다.
oblečení 의복, 복장(n)
obléknout 입히다, 걸치다, 입다.
oblíbený 인기있는, 가장 좋아하는
obraz 그림(m)
obsahovat 포괄하다, 포함하다.
obyčejný 보통의, 일반적인
oči 눈(pl)

odkud ~로부터
odpočinek 휴식, 안식(m)
odpočinout si 휴식을 취하다.
okno 유리창(n)
opera 오페라(f)
opravdu 진실로, 실제로, 정말로
ošklivý 추한, 못생긴
otevírat 문, 창문을 열다.
oznámení 공표, 공고, 알림(n)

P p

památka 기념, 기념물, 유물(f)
pamatovat 기억하다, 회상하다.
pán 남성, 주인, 남편(m)
papoušek 앵무새(m)
parfém 향수, 향기(m)
parkoviště 주차장(n)
pěkný 예쁜, 멋진, 근사한
peníze 돈, 금전, 화폐(m, pl)
pero 펜(n)
pes 개(m)
peněženka 지갑(f)
pěšky 걸어서, 도보로
píseň 노래(f)
pivo 맥주(n)
pizza 피자(f)
pláč 울음(m)
plukovník 연대장(m)
počátek 시작(m)
početný 다수의, 많은
počítač 컴퓨터(m)
podat 주다, 전달하다.
pokoj 방, 평화(m)
pokrývat 덮다.
pokusit se 시도하다, 꾀하다.
pole 들, 논(n)

polévka 스프(f)

políbit 키스하다.

polka 폴카(f)

pomáhat ～를 돕다.

pomoct ～을 돕다.(완료체)

populární 인기있는, 대중적인

pořádat 정리하다, 정돈하다, 주최하다.

poslední 마지막의

postavit se 자리잡다, 위치하다.

postel 침대(f)

pošta 우체국, 우편물(f)

poštovní 우체국의, 우편의

povídat si 이야기하다, 담화하다.

pozdě 늦게

pozvat 초대하다.

pozvání 초대(n)

pracovat 일하다.

prach 먼지(m)

pravda 진리, 진실(f)

prohlédnout 살펴보다, 검토하다.

prominout 용서하다, 면제하다.

právě 바로 지금, 바로 그 때

pravidelně 정기적으로

právník 법률가, 변호사(m)

prázdniny 방학(f, pl)

pražský 프라하의

primátor 시장(m)

problém 문제(m)

prodavač 점원, 판매원(m)

prodávat 팔다.

profesor 교수(m)

projít 통과하다, 경과하다, 유람하다.

přání 소원, 바라는 것(n)

předem 미리, 사전에, 앞서

předseda 장, 의장(m)

představit si 마음 속에 그리다, 상상하다.

přepsat 다시 쓰다, 다시 타이프하다.

přesně 정확히

příbor 식탁용 나이프와 포크(m)

připravovat 준비하다.

přirozený 자연적인, 소박한

přítel 친구(m)

přivítat 반기다, 환영하다.

půjčit 빌려주다.

pstruh 송어(m)

R r

radost 기쁨, 환희(f)

ráj 천국, 낙원(m)

ráno 아침

recept 조리법, 처방(m)

republika 공화국(f)

rodiče 양친, 부모(m, pl)

rohlík 로흘릭, 체코빵(m)

román 소설(m)

rozbitý 망가진

rozejít se 갈라지다, 헤어지다, 이탈하다.

rozhlas 라디오(m)

rozhodnout se 결정하다.

rozhovor 대화(m)

rozvrh 시간표, 예정표(m)

růže 장미(f)

Rus 러시아 사람(m)

Ř ř

řada 줄, 열(f)

řeka 강(f)

ředitel 사장, 이사, 국장(m)

říkat 말하다.

řízek 커틀렛(m)

S s

sad 과수원(m)

sedět 앉아 있다, 앉다.

sehnat ~을 손에 넣다, 얻다, 확보하다.

sejít se ~와 만나다.

sekretářka 비서(f)

sestra 언니, 여동생, 누이(f)

setkání 만남, 모임(n)

sešit 공책(m)

scházet 모자라다, 부족하다.

schopný 능력 있는, 유능한

schránka 장, 우체통(f)

schůze 만남, 모임(f)

schůzka 약속, 데이트(f)

sídliště 주거구역, 주택지구(n)

sklenice 유리잔(f)

sklenička 작은 컵, 마실 것(f)

skříň 상자, 케이스, 장(f)

skupina 그룹, 집단(f)

skvělý 빛나는, 눈부신, 뛰어난

slavný 유명한, 이름난

slovník 사전(m)

slunce 태양(n)

sluneční 태양의, 해의

služební 서비스의, 복무의, 사업상의

smát se 웃다.

smích 웃음(m)

snažit se 노력하다.

sněžit 눈이 오다.

sníst 먹다.

socha 동상(f)

soudce 재판관, 판사(m)

sourozenec 형제, 자매(m)

soused 이웃사람, 옆집사람(m)

spokojený 만족한, 흡족한

spolužák 동창, 교우(m)

sportovat 경기하다, 운동하다.

správný 옳은, 올바른

stadión 스타디움(m)

stanice 정거장, 역(f)

starý 늙은, 낡은

stát 서다, 일어서다.

stav 상태, 형편(m)

stavení 건물, 빌딩, 주택(n)

stavět 세우다, 세워놓다.

stihnout 붙들다, 붙잡다

strávit 시간을 보내다, 소화하다.

strom 나무(m)

stroj 기계(m)

střední 중심의, 중앙의, 중간의

střecha 지붕(f)

stůl 책상(m)

stydět se 부끄러워하다.

sukně 치마(f)

svátek 축일, 휴일(m)

svatý 신성한, 거룩한

svíčková 안심요리(f)

svítit 불이 붙다, 비치다.

synagoga 시나고그(f)

Š š

šance 기회, 찬스(f)

škola 학교(f)

školní 학교의, 훈련의

šumět 졸졸 소리나다, 속삭이다.

švagr 시숙, 시동생, 처남(m)

T t

tabule 게시판, 칠판(f)

taky 또한, 역시

talíř 접시(m)

tancovat 춤추다.

taška 가방(f)

tatínek 아빠(m)

tenis 테니스(m)

teď 지금

tělo 몸(n)

téma 주제, 테마(n)

teplo 따뜻함, 열(n), 따뜻하다.

teplota 온도, 기온, 열기(f)

teplý 따뜻한, 온난한, 더운

těšit se ∼을 기대하다, 즐기다.

toaleta 화장실(f)

tragický 비극적인,

tramvaj 전차(f)

trochu 조금

trvat 걸리다, 지속되다,

třída 교실(f)

tunel 터널, 굴(m)

turista 여행자, 관광객(m)

tužka 연필(f)

tvář 뺨, 볼, 얼굴(f)

U u

učitel 선생, 교사(m)

uklidit 청소하다, 정돈하다.

ulice 거리(f)

umělec 예술가, 미술가(m)

umět ∼할 수 있다, ∼할 줄 안다.

umřít 죽다.

uplynout 지나가다, 통과하다.

uprostřed ∼가운데

úředník 사무원, 공무원(m)

úřednice 여자사무원, 여자공무원(f)

úspěch 성공, 성취(m)

úspěšně 성공적으로

utírat 닦다, 지우다

uzdravit se 건강을 회복하다.

Ú ú

účel 목적, 목표, 의도(m)

učit 가르치다.

učit se 배우다.

V v

válečný 전쟁의, 전투의

vařit 요리하다.

věc 것, 물건, 물체(f)

večeřet 저녁식사를 하다.

věda 과학(f)

vedro 찌는 듯한 더위, 무더위(n)

vejít 안으로 들어가다.

velký 큰

velmož 귀족, 대공, 거물(m)

venku 밖에

vědět 알다.

věrný 충실한, 성실한

věž 탑(f)

vidět 보다.

víno 포도주(n)

viset 걸려있다, 매달려있다.

vlak 기차(m)

vlevo 왼쪽에

volný 자유로운, 속박없는

vpravo 오른쪽에

všude 사방에

vůbec 전혀, 결코(부정과 함께)

vůdce 선도자, 지도자(m)

výborný 뛰어난, 훌륭한

vydělat 돈을 벌다, 득을 보다.

výhoda 유리, 장점, 이점(f)

vyjet 나가다, 선로를 이탈하다.

výlet 견학, 답사, 여행(m)

vynález 발명, 고안(m)

vynikající 뛰어난, 훌륭한

vypit 다 마시다.

vyrábět 생산하다, 제작하다.

vysílat 송신하다, 방송하다.

vytisknout 인쇄하다, 출판하다.

vyzkoušet 테스트를 하다, 조사하다.

vzadu 뒤에

vzkaz 메시지(m)

vždy 늘, 언제나

Z z

začít 시작하다.

začátek 시작, 처음(m)

zahrada 정원(f)

zahraniční 외국의, 외래의

zajímat se ~에 대해 흥미를 갖다.

zajímavý 재미있는, 흥미로운

zákusek 단 것들, 디저트

zápas 시합, 경기(m)

zapomenout 잊다, 망각하다.

zastavit 세우다, 멈추게 하다.

zatím 그 동안에, 사이에

závěrečný 마지막의, 최후의

závod 사업, 공장(m)

zdravý 건강한

zelenina 채소(f)

zelený 녹색의, 초록의

zelí 양배추(n)

zemský 지방의, 세상의, 지구의

zimní 겨울의

zítra 내일

zkouška 시험(f)

zlost 화, 노여움(f)

znamenat ~을 의미하다.

známka 우표, 증후, 표적(f)

známý 잘 알려진, 유명한

znát 알다.

zneužit 악용하다, 오용하다.

zpívat 노래를 부르다.

zpoždění 지체, 연착(n)

zvonit 종을 치다, 울리다.

zvyklý 습관이 된, 익숙한

Ž ž

žena 여성(f)

židle 의자(f)

život 삶, 생활(m)

žrádlo 동물을 위한 먹이, 사료(n)

체코 노래

BESKYDE, BESKYDE

Mírně hybně   Moravská z Valašska

Bez-ky-de, Bez-ky - de,   kdo po to-bě i - de?

Čer-no-o-ký bača   o-več-ky za-tá - čá,   za-tá - čá.

2. Aj, bačo, bačo náš, černú košulku máš,
   [: kdo ti ju vypere, dyž maměnky nemáš? :]

3. „Já nemám maměnku, ale mám galánku,
   [: a ta mi vypere černú košulenku. :]

4. Všeci sa starajú o moju chudobu,
   [: a já sa nestarám, chvála pánu bohu. :]

5. Všeci sa ženíja, vojny sa bojíja,
   [: a já sa nežením, vojny sa nebojím." :]

Polášek 14

베스키디, 베스키디

1. 베스키기, 베스키디, 누가 널 따라오니?
   까만 눈의 양치기가 이리오네, 이리오네
2. 아, 양치기야, 양치기야 네 옷이 더럽구나
   누가 그걸 빨아줄까 넌 엄마도 없는데
3. 난 엄마가 없지만 애인이 있지
   내 애인이 빨아줄거야
4. 사람들이 내 신세를 걱정하니
   난 걱정하지 않다도 되네, 하느님께 감사하네
5. 모두들 결혼을 하고 전쟁을 하네
   난 결혼도 안하고 전쟁도 하지 않네

HOLKA MODROOKÁ

Mírně rychle   Česká

Hol - ka mo-dro-o-ká, ne-se-dá-vej u po-to-ka,

hol - ka mo-dro-o-ká, ne-se-dá-vej tam:

v po-to-ce je vel-ká vo-da, vez-me-li tě, bu-de čko da,

hol - ka mo-dro-o-ká, ne-se-dá-vej tam!

2. Holka modrooká, nesedávej u potoka,
holka modrooká, nesedávej tam:
v potoce se voda točí, podemele tvoje oči,
holka modrooká, nesedávej tam!

Erb 3, str. 123 — EN 122

푸른 눈을 가진 소녀

푸른 눈의 소녀여 시냇물 가에 앉지 마라
푸른 눈의 소녀여 거기에 앉지 마라
시냇물에 물이 깊어 널 데려가면 안 되니
푸른 눈의 소녀여 거기에 앉지 마라!

푸른 눈의 소녀여 시냇물 가에 앉지 마라
푸른 눈의 소녀여 거기에 앉지 마라
시냇물에 물이 소용돌이 치네
푸른 눈의 소녀여 거기에 앉지 마라!

바보로프가 만약

1. 바보로프가 만약 보드냐니라면
   내 사랑에게 양쪽 볼에 키스를 해줄 텐데
   그런데 내 사랑이 물 건너에, 차가운 물 건너에 있으니
   한쪽 볼에도 키스를 못 하네
2. 바보로프가 만약 프라하찌체라면
   내 사랑에게 수만 번도 키스를 해줄 텐데
   그런데 내 사랑이 물 건너에, 차가운 물 건너에 있으니
   한쪽 볼에도 키스를 못 하네

ROŽNOVSKÉ HODINY

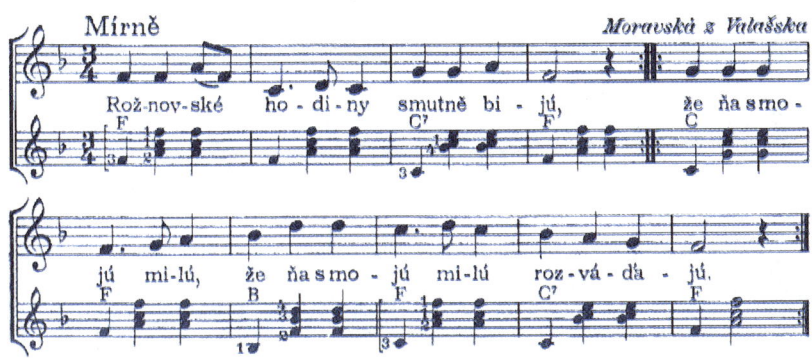

Mírně   *Moravská z Valašska*

Rož-nov-ské ho-di-ny smutně bi-jú, že ňa smo-jú mi-lú, že ňa smo-jú mi-lú roz-vá-da-jú.

2. Ale nerozvedú, nebojím sa,
   [: přide ta hodinka, :] ožením sa.

3. Ožeň sa, synečku, spánembohem,
   [: vyber si děvčátko :] sobě roveň.

4. Šak já sa ožením, ty sa nezvíš,
   [: ty moje ohlášky :] nezastavíš.

Modl 163

로즈노프의 시계

1. 로즈노프의 시계가 슬프게 치네
   나와 내 사랑을 떼어 놓으려고 하네
2. 그러나 떼어 놓지 못할거네, 난 두렵지 않네
   그 시간이 오면 난 결혼할거네
3. 여보게, 축복하건데
   자네와 어울리는 사람과 결혼하게
4. 난 꼭 결혼할거네, 당신들은 모를거네
   내 결혼발표를 막지 못할거네.

VÍNEČKO BÍLÉ

Táhle

Moravská ze Slovácka

Ví - ne - čko bí - lé   je od méj mi - lej,

bu - du ťa pít,   co bu - du žít,   ví - ne - čko bí - lé.

2. Vínečko rudé
je od tej druhej.
Budu ťa pít,
co budu žít,
vínečko rudé.

3. Vínečka obě,
frajárky moje,
budu vás pít,
co budu žít,
vínečka obě.

Arch. ÚEF Brno, A 1009/161 (sb. Poláček)

백포도주

1. 내 사랑이 보낸 백포도주를
   난 죽을 때까지 마실 테네, 백포도주를
2. 내 또 다른 사랑이 보낸 적포도주를
   난 죽을 때까지 마실 테네, 적포도주를
3. 그 포도주 두 개를, 내 두 사랑들을
   난 죽을 때까지 마실 테네, 두 포도주를

Most přes minulost [Česko]

Neber mi sen,
víš můj sen o probdělých nocích
Neber mi sen
a vrať mi zpátky ten pocit
že nejsem osamělá v Tobě se ztrácím celá.

Lhát musím Ti lhát příteli můj
já svůj osud znám mě nelituj
Když pravda je horší než lež
pak už jen snům sám věřit chceš
když vstoupíš na poslední most přes minulost.

Zbyl mi jen sen,
víš můj sen o probdělých nocích
Zbyl mi jen sen
aspoň ve snu zažít ten pocit
že nejsem osamělá v Tobě se ztrácím celá.

Lhát musím Ti lhát příteli můj
já svůj osud znám mě nelituj
proč nesmím proč nesmím se ptát
ještě stoupám nebo už je to pád
proč čeká mě podivný most přes minulost.

proč nesmím proč nesmím se ptát
ještě stoupám nebo už je to pád
proč čeká mě podivný most přes minulost.

과거를 넘는 다리 [체코]

꿈을 앗아가지 말아,
잠들지 못하는 꿈이라는 걸 알잖아
꿈을 앗아가지 말아
그리고 그 느낌을 돌려줘
내가 혼자가 아니며 그대 안에서 모든 걸 잃는다는 것

그대에게 거짓말해야 하네, 내 친구여
나는 내 비운을 알아, 날 딱하게 여기지 말아
진실이 거짓보다 호되다면
그대는 꿈 속의 일들만 믿고 싶을 테지
과거를 넘는 마지막 다리로 갈 때

나에겐 꿈만 남았네,
잠들지 못하는 꿈이라는 걸 알잖아
나에겐 꿈만 남았네
적어도 꿈에서 난 느껴
내가 혼자가 아니며 그대 안에서 모든 걸 잃는다는 것

그대에게 거짓말해야 하네 내 친구여
나는 내 비운을 알아, 날 딱하게 여기지 말아
왜 안될까 왜 난 물을 수 없을까
나는 아직 올라가고 있거나 이미 떨어졌네
왜 과거를 넘는 이상한 다리가 날 기다릴까

왜 난 안될까, 왜 난 물을 수 없을까
나는 아직 올라가고 있거나 이미 떨어졌네
왜 과거를 넘는 이상한 다리가 날 기다릴까

Měsíčku na nebi hlubokém [Česko]

Měsíčku na nebi hlubokém
světlo tvé daleko vidím.
Po světe bloudíš širokém,
díváš se v příbytky lidí.
Po světe bloudíš širokém,
díváš se v příbytky lidí.

Měsíčku postůj chvíli,
pověz mi, pověz,
kde je můj milý.
Měsíčku postůj chvíli,
pověz mi, pověz,
kde je můj milý.

Vzkaž ty mu stříbrný měsíčku,
mé že jej objímá rámě,
aby si alespoň chviličku,
vzpomenul tu a tam na mne,
aby si alespoň chviličku,
vzpomenul tu a tam na mne.

Měsíčku po nebi pluj
s mým poselstvím,
že jeho osud
je dnes osudem i mým.
Zasviť mu do dodaleka,
nocí, nocí pluj,
řekni mu řekni,
kdo že jej čeká.

Zasviť mu do dodaleka,
nocí, nocí pluj,
řekni mu řekni,
kdo že jej čeká.
řekni mu řekni,
kdo že jej čeká.

넓은 하늘의 달님 [체코]

넓은 하늘의 달님
빛이 멀리서 보여요
넓은 세계를 여행하는군요
사람들의 집을 돌아보면서
넓은 세계를 여행하는군요
사람들의 집을 돌아보면서

달님 잠시만 멈춰줘요
나에게 얘기해줘요, 얘기해줘요
어디에 내 사랑이 있는지
달님 잠시만 멈춰줘요
나에게 얘기해줘요, 얘기해줘요
어디에 내 사랑이 있는지

그에게 말해줘요 은빛달님
나의 팔이 그를 감싸도록
적어도 아주 잠시만이라도
이곳저곳에서 날 떠올릴 수 있도록
적어도 아주 잠시만이라도
이곳저곳에서 날 떠올릴 수 있도록

달님, 하늘에 떠올라줘요
나의 전언과 함께
그의 운명이라고
지금은 나의 운명이기도 하다고
그를 멀리까지 비춰줘요
밤에 밤에 떠올라줘요
말해줘요 그에게 말해줘요
누가 그를 기다리는지

그를 멀리까지 비춰줘요
밤에 밤에 떠올라줘요
말해줘요 그에게 말해줘요
누가 그를 기다리는지
말해줘요 그에게 말해줘요
누가 그를 기다리는지